樹木希林さんからの手紙

人生上出来！と、こらえて歩こう

NHK『クローズアップ現代＋』＋『知るしん』制作班

主婦の友社

澤田大地さんへ

漱石山房

拝啓 大地さん

年をとると人間が成熟するとは大間違い、
不自由になった分だけ文句が出るの 自分を
見てるとよく解る(73才) 私が川崎市の老人ホーム
に務めてたら やりかねないと思うとゾッとするの
——でも いずれ自分もなるであろう老人を学ぶ
には もってこいの仕事ね、 私の独断だけど
手をぬく介護士っての どうかしら、 してあげる
んじゃなく自力でやれるように しむける……
待つ時間が足りないか ——————— それでも 何とか

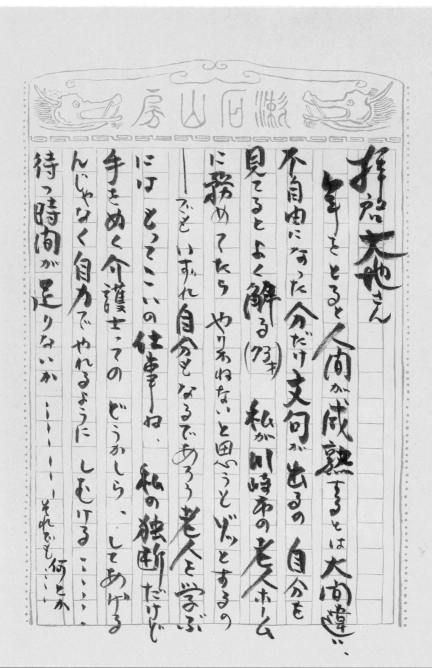

澂石山房

明治天皇の歌だけど
器にはしたがいながら　いわがねも通すは水の
力なりけり
水ってのはどんな形の器にも添うのに　雨だれの
ポッンポッンで岩や鉄にも穴をあけるでしょ
どんな人間にも添えるけど　ーーこりゃムズカシイ
でもネ　このやわらかさがあれば人望集り
ます、あとは正しく念じて　巌《イワオ》を通してネ
ともかく仕事を面白がる　デス

◀78p〜

倉方理子さんへ

拝啓　りこさん

衣食足りて礼節を知るって言うけど
貧乏だから足りてなくて金持ちだから
足りてる訳ではないのね
是非ハングリー精神で世界を旅して下さい
帰った時は改めて日本人の本来持ってる
みごとさ味わってね
以前見たカナダの老人ホームの映像
感心したのョ　広々とした庭、建て物、

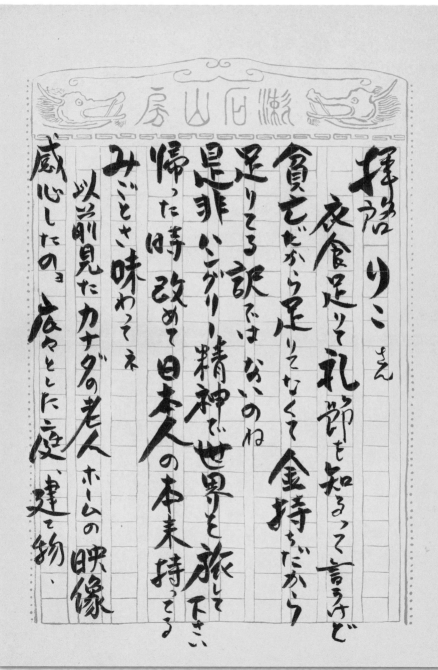

漱石山房

やたら高額なのに看護師が少ないのョ
ただその人その人に合う道具がうまく
配置されてるの、看護師は使いかたを
教えるだけ 不満言う人は出てってもらうの
我々はほんの少し手を添えるだけ
入所者の自立が育つのを待つ、
これ―日本人はむずかしいわネ
無理かな、手出した方が早いものネ
でもその方がピンピンしててコロリと死ねるのにねェ〜〜

◀94p〜

勝田ゆり乃さんへ

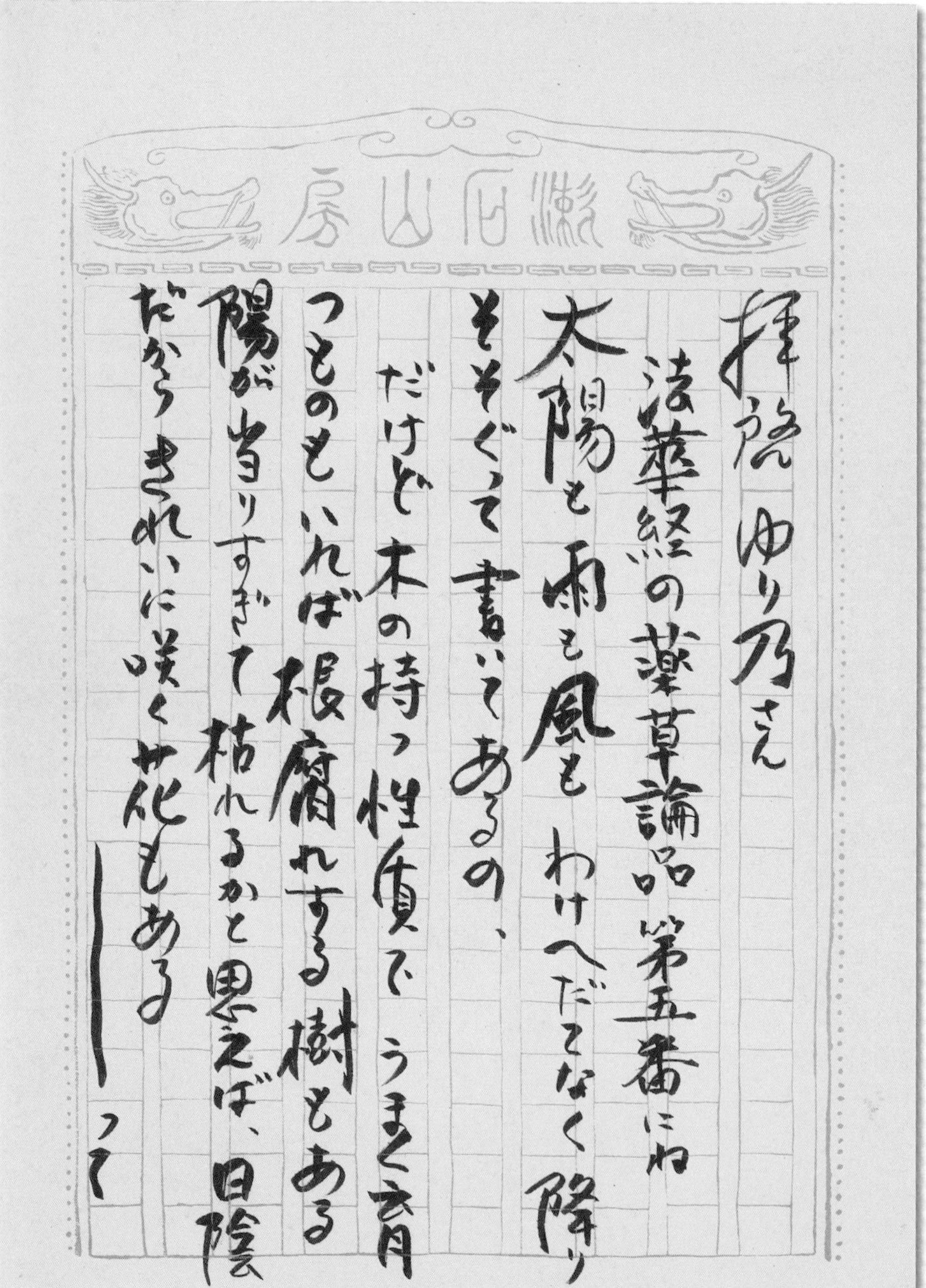

拝啓 ゆり乃さん
法華経の薬草論品 第五番にね
太陽も雨も風も わけへだてなく 降り
そそいで 書いてあるの、
だけど 木の持つ性質で うまく育
つものもいれば 根腐れする 樹もある
陽が当りすぎて 枯れるかと思えば、日陰
だからきれいに咲く花もある
―― って

澂石山房

生徒も同じ、それぞれの性質によく耳を
かたむけ聞いて その子が一番輝く場所を
共に探す、教育って教えるだけでなく
寄り添い、共に育つことかもしれない
生徒に行きづまったら その子の親の
愚痴を聞くといい、そっくりだから
―― 案外 糸口が見つかる筈
それが面白くなったら
ああ教師になって幸せ ―― フフフヨ

◀108p～

津山純一さんへ

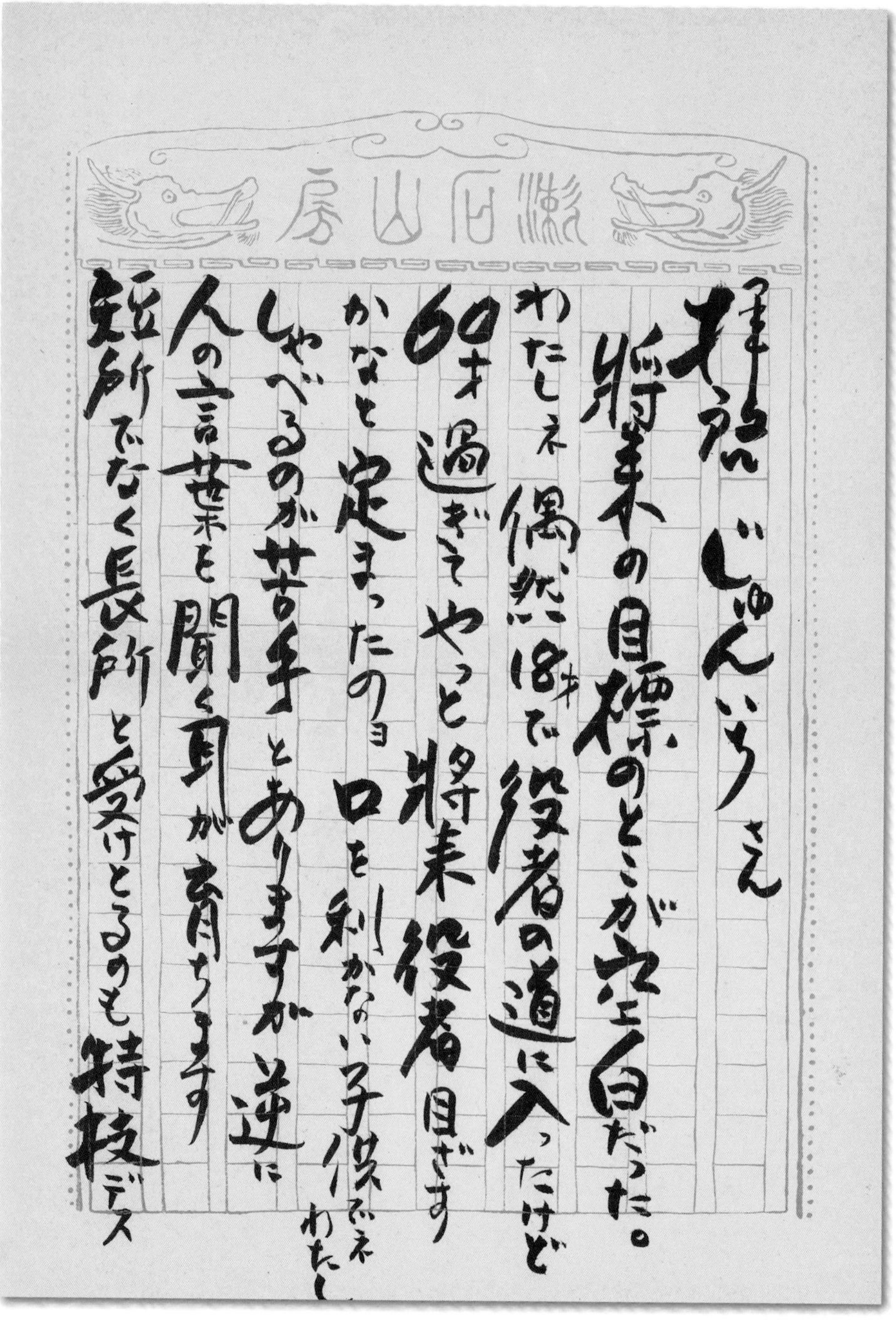
漱石山房
拝啓 じゅんいちさん
將来の目標のとこが空白だった。
わたしネ 偶然18才で役者の道に入ったけど
60才過ぎてやっと将来役者目ざす
かなと定まったのヨ 口を利かない子供だネ わたし
しゃべるのが苦手とありますが逆に
人の言葉を聞く耳が育ちます
短所でなく長所と受けとるのも特技デス

澂石山房

自分の中の夢がはっきりしない時—
ならば誰かの熱い思いがある
ところに関わっていく—それも手だわネ
英語に関心があるなら是非！、
世界が広がります　ワクワクしますヨ
そして逆に日本の良さ、
衣、食、住、の豊かさが
確認できます　ほんと、

◀ 122p〜

酒井朝羽さんへ

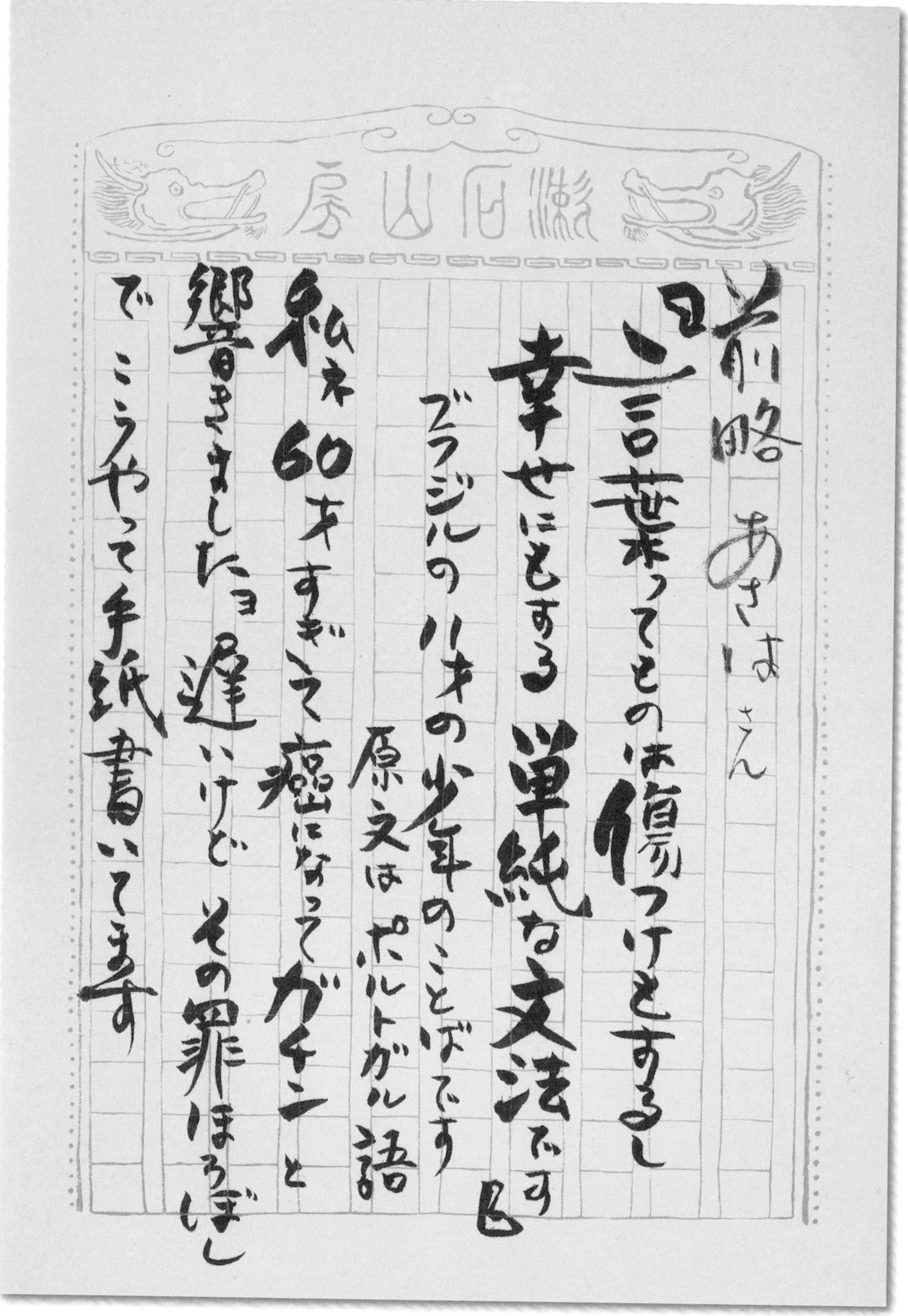
前略 あさは さん
言葉ってものは傷つけをするし
幸せにもする 単純な文法です
ブラジルのリオの少年のことばです
原文はポルトガル語
私も60才すぎて癌になってガチーと
響きました 遅いけど その罪ほろぼし
でこうやって手紙書いてます

漱石山房

将来の目標 小学校の先生かァー
若者が切実に望んでいるものは
聞いてくれる耳だと聞いたことがある
手足だけの母親 サイフだけの父親
さて 酒井先生の耳は どんなかなあ
頑張りすぎず 子供達に寄り添
っていっしょに成長する……
楽しんで下さいネ

◀ 138p～

中島啓幸さんへ

ひとりひとり違って生まれる
当然差別がある

いじめはちがいから起きる
わたしも人をいじめたし
いじめられたし
それをなくそうたって——
ねえ
はてしのない道のりです

2016.8.5 樹木希林

追伸 じゃあさ 皆で
同じ形の
ロボット人間に——
——それじゃ つまりません ネエ

◀22p~

比布駅グランドオープン♪〜

めでたいわあ〜〜♪

あの頃 ぴっぷ なんて地名があるのに
ビックリ！ 駅もあり 神社もあり
おかげで面白いCMになったわねえ〜

あれから何十年たったかなあ
わたしは こんなに なったけど
駅はこ〜んなになった
ようで 嬉しいような
淋し——いような
マ、いいか

平成28年9月4日
当時ピップエレキバン
CMガール
樹木希林

◀34p〜

上野正子さんへ

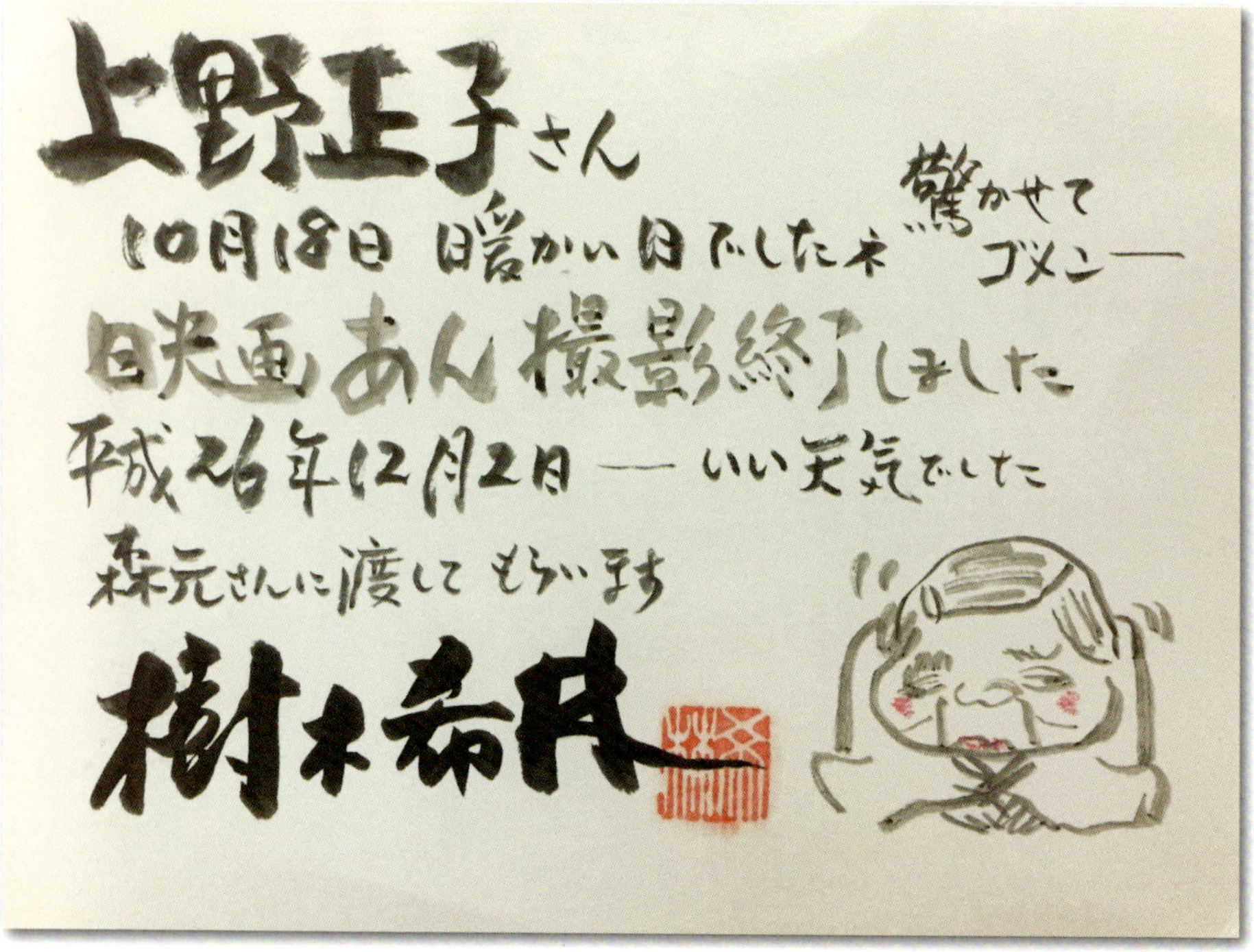
上野正子さん
10月18日 暖かい日でした ネ
驚かせて ゴメン——
映画あん撮影終了しました
平成26年12月2日 —— いい天気でした
森元さんに渡して もらいます
樹木希林

◀44p〜

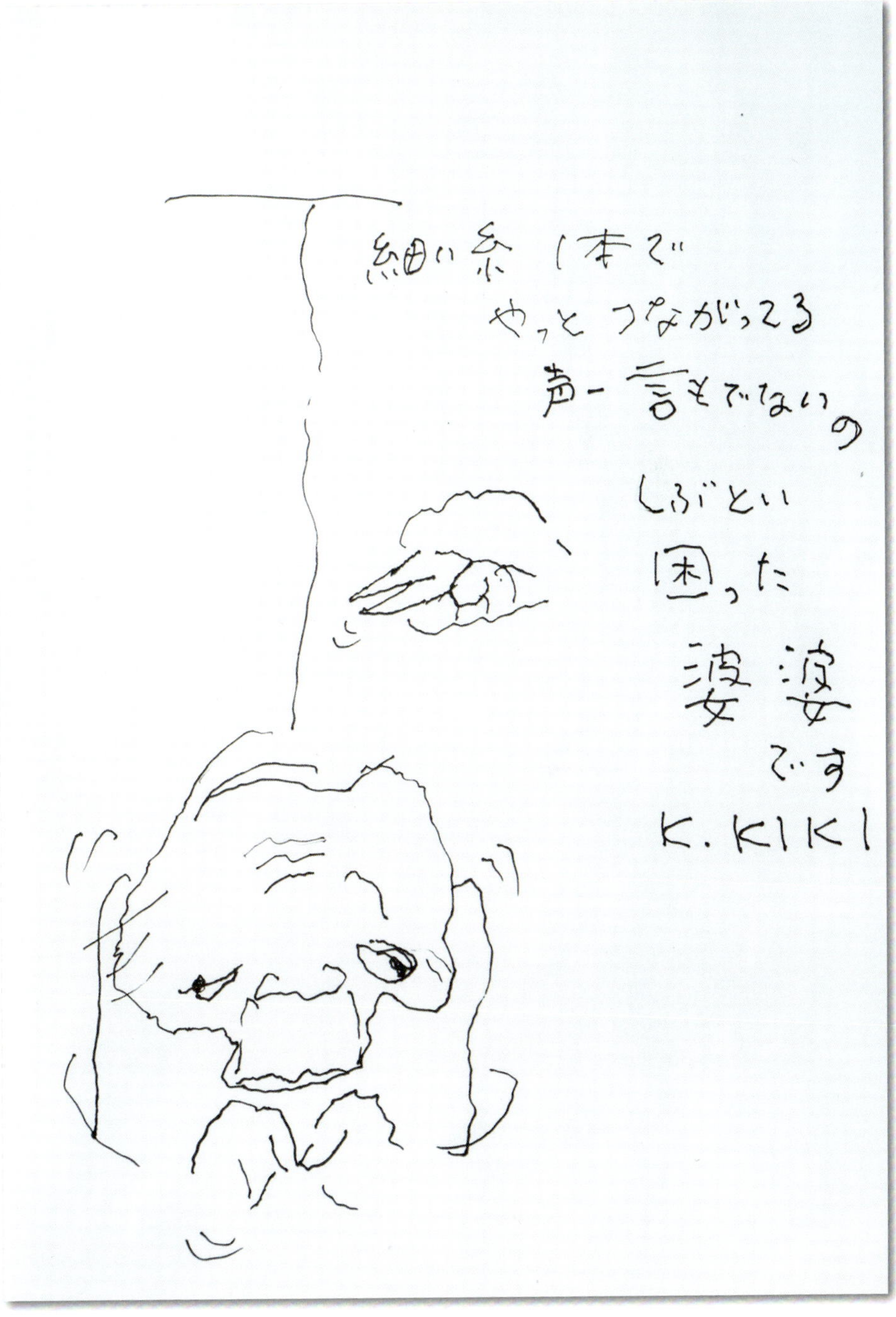

◀174p~

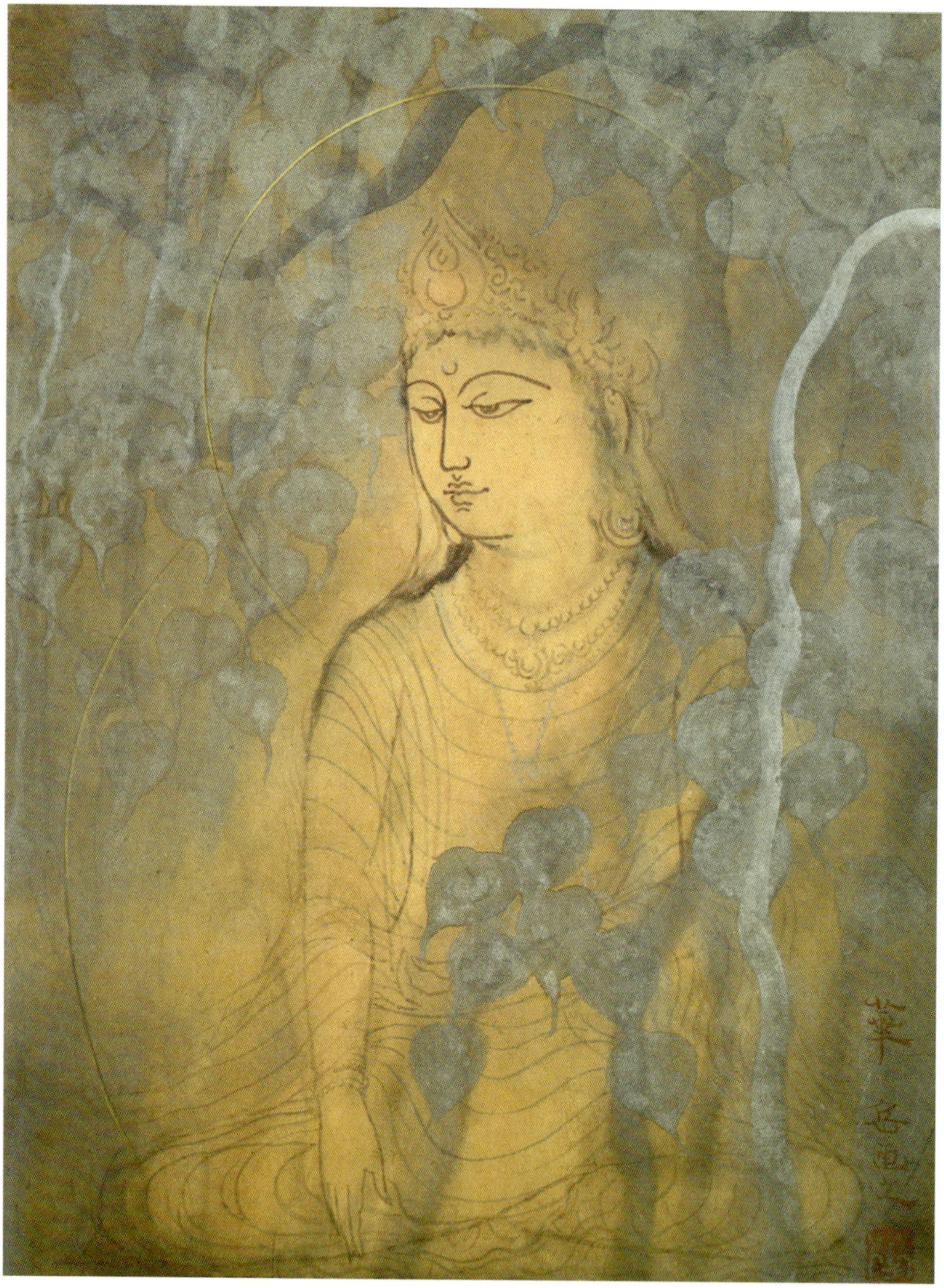

何必館・京都現代美術館において
樹木さんが静かに見入っていた作品

村上華岳「太子樹下禅那」1938年　何必館・京都現代美術館蔵

◀162p～

目次

［執筆陣］
ディレクター 藤田盛資、近松伴也、木村優希、内山 拓、白瀧愛芽　記者 伊藤香於里
『クローズアップ現代＋』編集責任者 矢島敦視　（掲載順）

第1章

大切にし続けた絆

中島啓幸さんへ

〝私も人をいじめたし、いじめられたし いじめにあった人に宛てた手紙〟

ディレクター 藤田盛資

樹木さんの訃報から3日後の、2018年9月18日。私を含む『クローズアップ現代＋』のディレクター5人が会議室に集められ、1週間後の25日、樹木さんの番組を放送すると伝えられました。

テーマは「樹木希林さんからの手紙」。

担当者の中に、樹木さんと親交があった者はゼロ。しかし全員が、日本を代表する俳優で、知性とユーモアを兼ね備えた樹木さんのことを少しでも知りたいという思いを抱いていました。

樹木さんについて調べると、一般の人に向け、多くの直筆の手紙を書いていたことがわかりました。一体どんな手紙を書いていたのか……そこから樹木さんの人柄を少しでも感じることができないか……スタッフ全員の意思が一致し、全国各地にいるであろう、手紙を受け取った人を探す取材が始まりました。

誰に対しても直接、自らの言葉で伝える樹木さん流の人づきあい

私は一度だけ、樹木さんと電話で話をしたことがありました。それはがんをテーマにしたドキュメンタリー番組のナレーション依頼。

「もしもし、藤田さん？　樹木希林です」

お願いのＦＡＸの翌日、突然、ご本人から電話をもらい、驚いた

のを今でも覚えています。

「もう体がきついから、今までつきあいがあった人の仕事だけをなんとか引き受けているのよ。だから、ごめんなさいね」

なんとていねいで、誠実な人なんだろう。依頼は断られましたが、私は一気に樹木さんのファンに。そんな樹木さんが書いた手紙は、自らの言葉で真摯な思いをつづったものに違いない……。

過去の映像、本、新聞などの資料を調べていると、意外な記事にたどり着きました。北海道新聞の、地域の人物を紹介する小さな欄。樹木さんからの手紙を持った男性の写真が目に留まりました。旭川市で、いじめをなくすために活動しているという男性でした。

「樹木さんから手紙を受け取ったと新聞で拝見したのですが……」

「希林さんは恩人です。希林さんのことなら、何でも協力します」

連絡先を調べ、突然電話をかけた私に対し、快く引き受けてくれた男性。中島啓幸さん（49歳）との出会いでした。

電話でおおまかな話を聞き、翌日さっそくクルーと共に旭川へ。9月中旬の北海道はもう肌寒く、空気も澄み渡り、どこまでも青空が広がっていました。樹木さんは亡くなる1年前の2017年9月、中島さんに会うため旭川を訪れていました。「全身がん」を抱えていた晩年の樹木さんは、この広大な景色を見て何を思ったのか。そして、体調がよくない中でも会いに行った中島さんとは、どんな人なのか。

旭川空港から車を走らせ1時間。到着したのは、障害がある人たちの療育施設。すでに上着が欠かせない気温の下、額に汗しながらひときわ大きな声で利用者に声をかける男性の姿……中島さんでした。

「私は幼い頃、いじめられたことがあるんです。だから、弱い立場にある人の助けに、少しでもなれないかなって」

施設で介護の仕事をしながら、地域のいじめ撲滅活動にも取り組む中島さん。どうやって樹木さんと知り合ったのか。

「実は私、森繁久彌さんと文通していたんです。熱烈なファンレターを送ったら返事をくれて、以来17年間。で、森繁さんが亡くなったあと森繁さんをしのぶイベントで希林さんにお会いして。〝あなたのこと、森繁さんから聞いていました。十何年も文通していたなんてすごいわね〟と声をかけてもらい、それで交流が始まったんです」

初めての手紙のやりとりは２０１３年。樹木さんはいつも、本名の「内田啓子」として手紙を送っていました。体調のこと、人生について……内容はさまざまだったそう。

「私が以前、ちらっと話した、介護の仕事で人をおぶったりするから、足がしびれてつらいという話を希林さんは覚えていて、それをとても気遣ってくれました。お仕事も含め、普段からたくさんの人々と交流がある希林さんですが、私の話をちゃんと覚えていてくれて、一人一人を大事にしてくれる。生半可じゃないですよね」

「それは、本気なの？」行動を起こすとき、覚悟を問う樹木さん

２０１６年夏。樹木さんの自宅を訪ねた中島さんは、あるお願いをしました。

「いじめをテーマに、子どもたちへのメッセージを書いてほしい」

いじめをなくす活動に取り組む中島さん。樹木さん独特の言葉なら、子どもたちの心に響くのではと期待していました。

しかし、樹木さんは表情をくもらせました。

「中島さん、いじめをなくすってすごいことだけど、道が厳しすぎるんじゃないですか、と。生きていること自体、いじめと差別がうようよしているんだから絶対になくならないよ、と言われました」

それでも中島さんは、いじめをなくすために何か行動したい、樹木さんなりの考えを書いてほしいと、お願いし続けました。

「本気か？というのを必ず問いますからね、希林さんは。ナイフのような鋭さもある人でした。だから私も〝樹木希林に負けてたまるか〟と、挑戦的な目でにらみつけていたと思います」

中島さんの覚悟にふれた樹木さん。和室に向かい、机の前に座り込み、静かに原稿と向き合い始めました。

じっと考え込んだり、立ち上がってうろうろしたり。別の用事を挟みながらも、随分と長い時間また考え、最後は一気に手紙を書き上げました。
「まるで、一筆一筆、命がけで書いているようでした」

自分も人をいじめたことがある、と告白した手紙。
「樹木さんは学生の頃、不登校の時期があったと言っていました。芸能界に入ってからは、単なる上下関係ではないけど、いじめられたり、いじめたこともあったそうです。そういう罪があるのよ、と」

中島さんは、手紙を書き上げた樹木さんにかけられた言葉が、今も忘れられないといいます。
「人間がいる限り、いじめや差別はなくならないのよ。それでもコツコツやっていれば、よい方向に向かうんじゃない。だから頑張りなさいとおっしゃって、手紙を渡されました」

はてしのない道に挑もうとする、中島さんへのエールでした。

「追伸」に宿る、樹木さんのメッセージ

樹木さんが亡くなる直前の2018年夏、中島さんは旭川市の教育委員会に樹木さんのメッセージを託しました。市内の小中学校に配り、樹木さんの言葉を子どもたちに考えてもらうためです。

私たちは中島さんと会った翌日、旭川市立忠和中学校の生徒会を訪ねました。生徒たちは、樹木さんの言葉をどう受け止めたのか。8人の生徒全員が真っ先に反応したのは、「追伸」として添えられた短い言葉でした。

追伸　じゃあさ　皆で同じ形のロボット人間に――

――それじゃ　つまりませんネェ

樹木希林さんからの手紙
人生上出来！と、こらえて歩こう

「確かにみんなロボットなら、いじめは起きないかもしれないけど、考え方が違うからこそ、生まれる何かもある」

「みんなそれぞれ違うから、みんな違う意見で、話し合いもできる。みんな同じロボットだったら、話し合いにならないよね」

いじめのもとである一人一人の違いは、人間の面白さでもある。それが、生徒たちが受け取った、樹木さんからのメッセージでした。生徒会のメンバーは、この言葉を全生徒にどう伝え、考えてもらうのか、1時間以上議論を重ねていました。

樹木さんからの手紙を預かった中島啓幸さん。残りの人生をかけ、いじめの問題と向き合い続ける覚悟です。

「どうせやるなら最後まで。どうせやるなら最後までと、樹木さんは常に言っていました。途中でやめたらダメだと。だから、樹木さんから与えられたこの宿題を、コツコツ最後までやり続けます」

中島啓幸さん

ひとりひとり違って生まれる
　当然　差別がある
いじめは　ちがいから起きる
わたしも人をいじめたし
　　　　いじめられたし
それを亡くそうたって――ねぇ
はてしのない道のりです
　２０１６・８・５　樹木希林

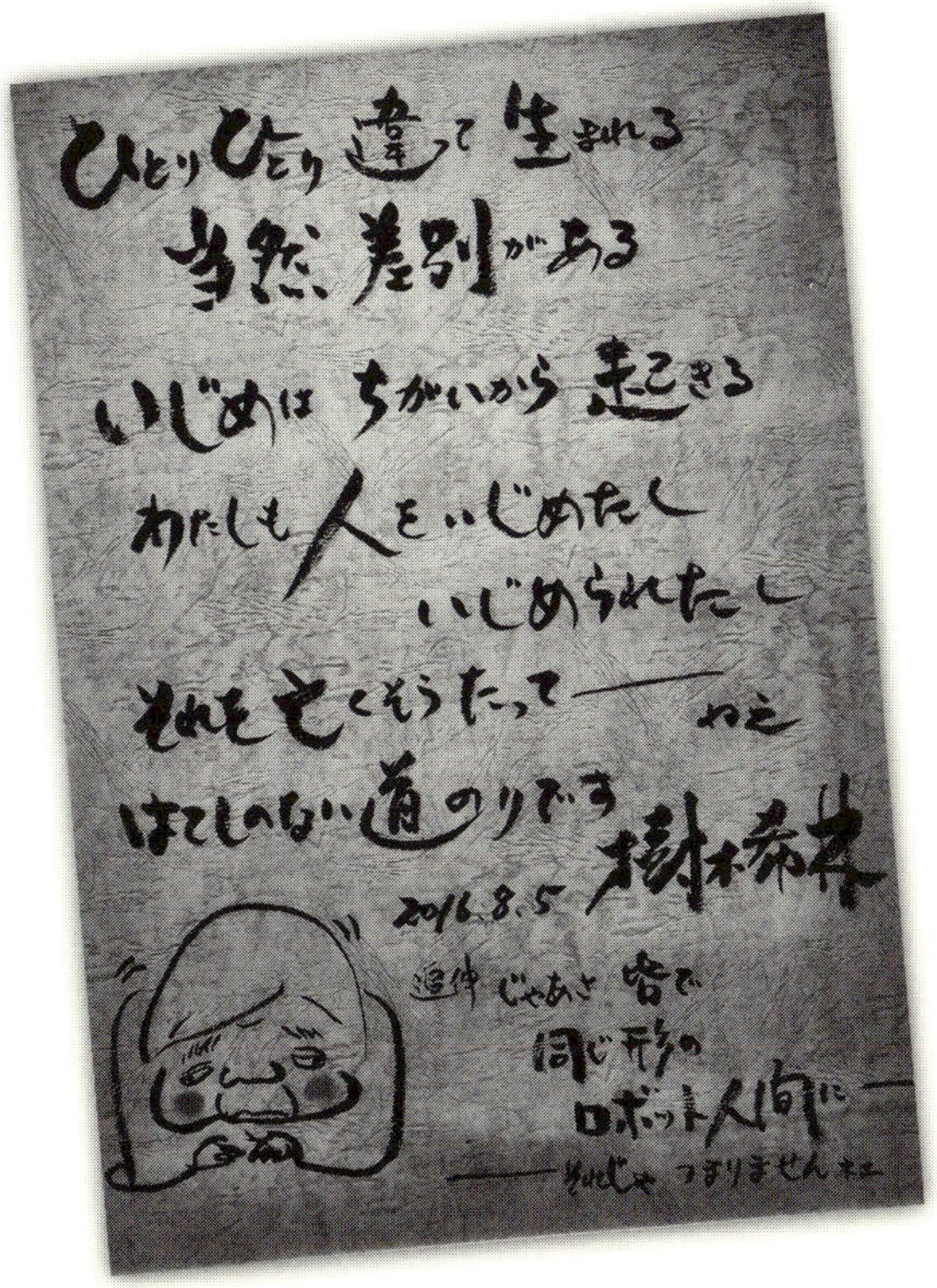
ひとりひとり違って生まれる
当然、差別がある
いじめは ちがいから起きる
わたしも人をいじめたし
いじめられたし
それをなくそうたって――　ねえ
はてしのない道のりです
樹木希林
2016.8.5
追伸 じゃあさ 皆で
同じ形の
ロボット人間に――
――それじゃつまりませんネエ

追伸　じゃあさ　皆で
同じ形の
ロボット人間に――
――それじゃつまりませんネェ

33　〝私も人をいじめたし、いじめられたし〟いじめにあった人に宛てた手紙

〝わたしはこんなになったけど〟北海道の無人駅に送った手紙

ディレクター　**藤田盛資**

北海道・宗谷本線の無人駅「比布駅」。待合所の一角に、樹木さんからの手紙が飾られています。〝ぴっぷ〟という名前にピンときた人もいるかもしれません。そう、この場所は、樹木さんが出演し一世を風靡した１９８０年のＣＭ「ピップエレキバン」のロケ地でした。撮影から35年以上たった２０１６年秋、駅舎のリニューアルを祝う手紙を送っていた樹木さん。実は亡くなる１年前にも訪れていたことが、今回の取材でわかりました。

樹木さんと、小さな駅を巡る物語です。

亡くなる1年前、昔のロケ地を訪れていた樹木さん

北海道の中央部に位置する比布町、約3750人が暮らす町です。旭川空港から車で40分、樹木さんからの手紙があると聞いて訪れた駅舎は、意外にも現代的で新しい建物でした。

樹木さんからの手紙はどこか……とじっくり探すまでもなく、駅舎に入るとすぐに、樹木さんの写真が2枚、目に飛び込んできました。一つは1980年、ピップエレキバンのCM撮影時の写真。もう一つは、亡くなる1年前の2017年に撮影された写真でした。

「何の連絡もなく、突然ふらっと現れて、本当に驚きました」

駅舎を管理している亀海聡さんは最初、その人物が樹木さんだとは気づかなかったといいます。

「駅に入ってこられて、飾ってある樹木さんの手紙をじっと眺めていたんですが、帽子を深々とかぶっていて、誰だかわからなかったんです。そしたらお付きの人が〝樹木さんだよ〟と教えてくれて。それからは、物販コーナーをご覧になったり、地元のとうもろこしや卵を買ってくださったり。最後は写真を撮ろうと、その場にいた人を集めて一緒に集合写真を撮ってくださったんです」

樹木さんが初めて比布駅を訪れたのは1980年、貼り薬「ピップエレキバン」のCM撮影のときでした。「ぴっぷ」と書かれた駅名の看板を背に、商品名を言おうとした途端、電車が横切って聞こえなくなる……という映像を撮るために、午前中に1本しかない急行列車が通り過ぎる一瞬を狙ったのだそう。

比布駅は、大正時代に木材を輸送する拠点として発展していったものの、その後、産業が衰退していき、長く閑散としていました。

しかし、ピップエレキバンのCMが全国で流れると、比布駅は全国的に有名になり、1日1000人の観光客が訪れるほど人気を集めました。

「樹木さんのおかげで比布町は有名になりました。比布町民からすごく愛されていた人でした」

駅舎がリニューアルされた2016年。グランドオープンを記念して、町は樹木さんに来てほしいと打診しました。樹木さんは体調不良を理由に出席を断りつつも、1通のFAXを送っていました。

それが、現在も駅舎に大切に飾られている、あの手紙です。

老いていく自分と、生まれ変わった駅舎を、ユーモアたっぷりに対比させた文章。毛筆の文字と、自らを描いたイラスト。なにげないFAXも、樹木さんは丹念に、愛情を込めて書いていました。

「まさか、こんなに素敵なものを送っていただけるとは思っていなかったので、すごくうれしかったです。比布駅の新たな宝物です」

亀海さんたちは、駅舎の一角に樹木さんのコーナーを作りました。私たちが取材に訪れた平日の昼間にも、写真を撮りに訪れる観光客の姿がありました。

特産品を手に、地元の人と写真におさまる
樹木さん。(2017年9月)

最晩年の樹木さん
限られた時間の中、なぜ比布駅を訪れたのか

手紙を書いた翌年、樹木さんは37年ぶりに比布駅を訪れました。このとき案内したのが、隣の旭川市に暮らす中島啓幸さんでした。

「私の地元に1泊2日で遊びに来てくれたんですが、その中で比布駅に行きたい、と言われまして。理由は聞きませんでしたが、思い出の地を巡りたかったんじゃないでしょうか」

このときの樹木さんは、中島さんの支えがないと歩くのが難しいときもあったといいます。

ゆっくり思い出の場所を歩いて、自ら声をかけ記念写真を撮った樹木さん。もしかしたら、自らの最期が迫っていることを感じていたのかもしれません。

樹木希林さんからの手紙
人生上出来！と、こらえて歩こう

「こんなに大切にしてくれて」

樹木さんは、自分の書いた手紙が飾られているのを見て、ぽつりとつぶやいたそうです。

誰に対してもていねいに接し続けていた樹木さん。同じようにしてもらったことを、喜んでいたのでしょうか。

比布駅へ

比布駅グランドオープン♬”——

めでたいわぁ〜♪”

あの頃　ぴっぷ　なんて地名があるのに

ビックリ！　駅もあり　神社もあり

おかげで面白いCMになったわねぇ〜

あれから何十年たったかなあ

わたしは　こんなに　なったけど

駅はこ〜んなになった

ようで　嬉しいような

淋しーいような

マ、いいか

平成28年9月4日

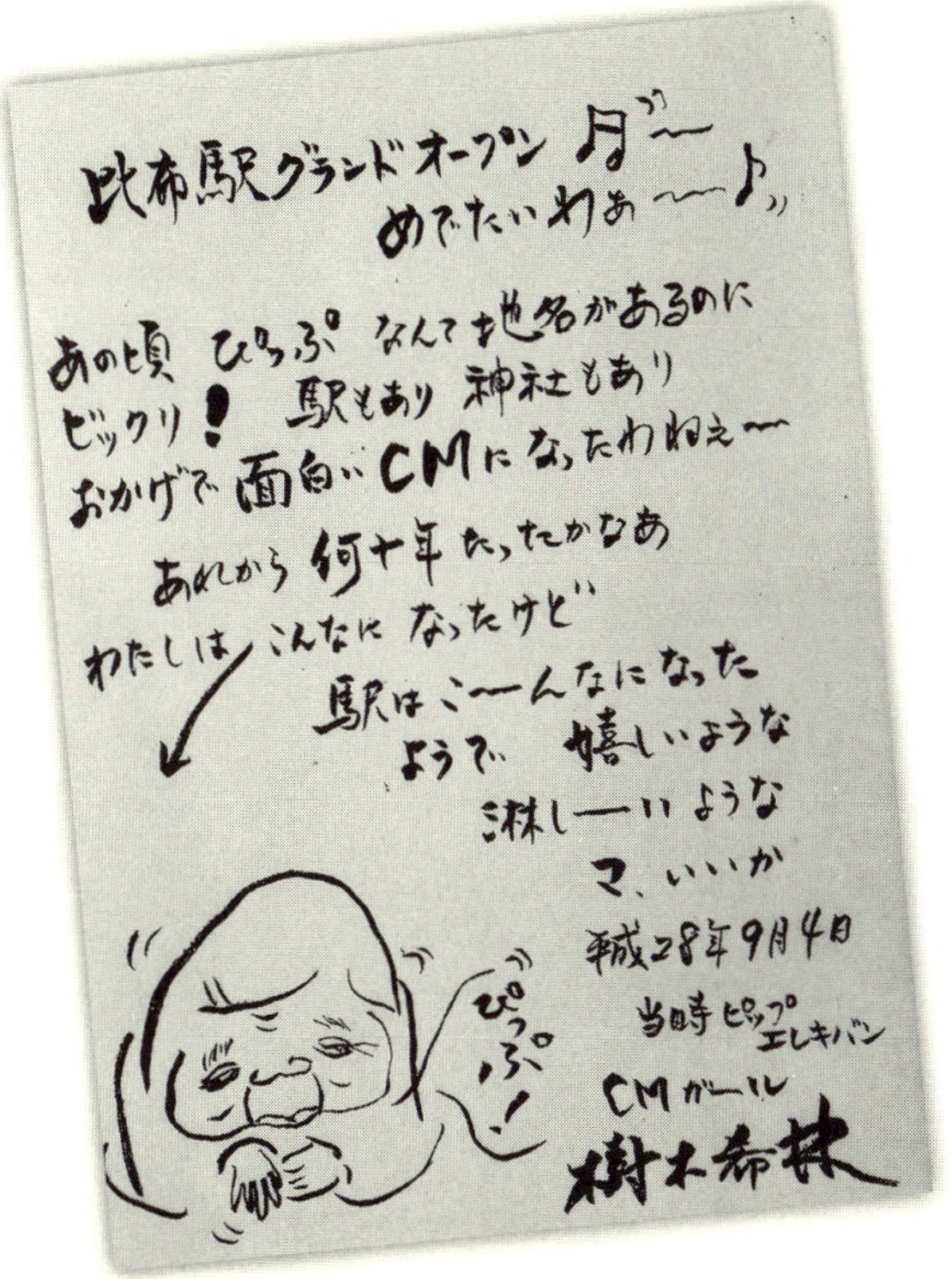

比布駅グランドオープン♫〜
めでたいわあ〜〜♪
あの頃　ぴっぷ　なんて地名があるのに
ビックリ！　駅もあり　神社もあり
おかげで　面白い　CMになったわねえ〜
あれから　何十年たったかなあ
わたしは　こんなに　なったけど
駅は　こ〜んなになった
ようで　嬉しいような
淋し〜いような
マ、いいか
平成28年9月4日
当時ピップエレキバン
CMガール
樹木希林

当時ピップエレキバン

CMガール

樹木希林　ぴっぷ！

　〝わたしはこんなになったけど〟北海道の無人駅に送った手紙

上野正子さんへ

〝驚かせてゴメンー〟映画のモデルとなった女性への手紙

ディレクター　**近松伴也**

映画『あん』は2015年に公開され、ハンセン病の元患者と人々の交流を描いています。樹木さんは、この映画の中で「徳江」という老女を演じました。この徳江のモデルとなったかたを、樹木さんは映画の撮影前に訪ね、言葉を交わしました。そして、撮影後に樹木さんは手紙を送っています。そこには「驚かせてゴメンー」との言葉がありました。壮絶ともいえる人生を送ってきた元患者の女性と樹木さんの間に、どのような心の通い合いがあったのでしょうか。

ハンセン病の元患者が歩んだ人生

樹木さんが出演した映画『あん』は、どら焼き店の求人募集の張り紙を見た「徳江」が、店で働くことを懇願するところから物語が始まります。最初は相手にしなかった店長でしたが、徳江が去りぎわに置いていった「粒あん」のあまりのおいしさに驚くのです。そして、徳江は店で働くことになります。徳江の作った粒あんがあまりにおいしいと評判を呼んで店は繁盛するのですが、ある日、徳江がハンセン病の元患者であるという噂が流れます。それまで行列が絶えなかったどら焼き店でしたが、その噂が流れてからは客足が遠のき、遂に徳江は店を去ってしまいます。長い隔離の歴史を生きてきた徳江たち元患者は、昔も今も偏見から自由ではありませんでした。人は何のために生まれてくるのか。映画は〝生きる意味〟を問いかけます。

樹木さんが演じたハンセン病の元患者。ご本人が入所する施設は、鹿児島県鹿屋市にある「国立療養所 星塚敬愛園」。昭和10年に、ハンセン病患者が入所する施設として開園しました。現在は、国立のハンセン病療養所として、後遺症を持つ高齢のかたがたが暮らしています。

取材の序盤、まず施設に電話をかけました。その人物がご健在で、名前は上野正子さんといい91歳であること。そして映画をきっかけに樹木さんと知り合い、手紙が送られてきたことなどを、施設のスタッフから教えてもらいます。ご本人はどのような人物なのか。とにかく会って話を聞きたいという希望を伝えたところ、上野さんの都合も大丈夫そうだということで、電話をした2日後に東京から鹿児島に向かいました。

鹿児島空港から車で1時間半ほど。住宅街を抜けてしばらく行くと、畑に囲まれた場所に施設はありました。敷地に入ってまず感じたのが、施設が一つの町みたいだということ。施設の敷地面積は約37万㎡あり、福岡 ヤフオク!ドームの2・1倍だといいます。かつては、恐ろしい伝染病ということで、ハンセン病のかたがたを療養所に隔離収容する政策がとられていました。１９９６年に「らい予防法」が廃止されて政策も見直されましたが、療養所の入所者は高齢となっており、外で暮らすことに不安があり、安心して退所することができない人もいるといいます。

上野さんが暮らす宿泊棟に到着。どのような人なのだろうかと、少し緊張しながら部屋をのぞくと、上野さんは台所で揚げ物を作っていました。白髪で小柄なおばあちゃんでした。挨拶もそこそこに終えると、上野さんから突然言われたのは「これ食べなさい」という言葉でした。出されたのは、お菓子のサーターアンダギーです。沖縄県石垣島で生まれた上野さんは、幼い頃に母親によく作ってもらったのだといいます。水を入れず、かぼちゃの粉や卵だけで作られたサーターアンダギーは、自然の甘みがあってとてもおいしいものでした。1個食べると、また1個、そしてまた1個というように次々と勧めてくるのでした。

そんな上野さんは、13歳になり沖縄の高等女学校に入学するものの、ハンセン病を発症して施設に入所しました。それ以来、家族と離れて鹿児島にあるこの療養所で人生を送ってきたのです。隔離政

樹木希林さんからの手紙
人生上出来！と、こらえて歩こう

策がとられていた当時は、施設内だけで使用できるブリキのお金で買い物するなど、社会と一線を画した環境で暮らしていました。施設の敷地には宿泊棟だけでなく、商店や理美容室、運動施設にお寺や教会など、暮らしに必要なさまざまな施設が立ち並びます。上野さんは19歳で、入所者の男性と結婚します。独りだった上野さんにとって、寄り添うことのできる存在ができました。生きることへの希望や幸せをかみ締めるように歩み出した上野さんでしたが、ある日、夫が断種の手術を受けてきます。ハンセン病の患者が子どもを産むことは許されない状況だったのです。社会に生きる多くの人がそうするように、家庭を持ち、子どもを育てることが夢だった上野さん。なぜ自分たちは普通の人と同じように幸せになることができないのか。ときには、断種の手術をした夫を責めたこともありました。長い間、悩み苦しむ時間を過ごしてきました。

訪れた私に笑顔でお菓子を勧めてくれた上野さんの姿からは、その歩んでこられた人生を想像することはできませんでした。

突然、ふらりとやってきた樹木さん

2014年10月18日、がんの治療で鹿児島の病院にいた樹木さんが、上野さんを訪ねてきました。樹木さんにとっては、映画『あん』の撮影前にあたります。この日、樹木さんが来ることは、事前に知らされていませんでした。何の前ぶれもなく、突然やってきた樹木さん。そのときの様子はこのような感じでした。

樹木さん「上野さ〜ん」
上野さん「どこのおばあちゃんかね?」

樹木さん「あなたを見に来たのよ」
上野さん「どこから来たの？」

上野さんの問いかけに、樹木さんは答えなかったといいます。そんな樹木さんを「ヘンな人ね〜」と思った上野さん。しかし、せっかく自分を訪問してくれた人を追い返すわけにもいかない。もしかしたら、近くの「百姓」のおばあちゃんかもしれない……。そう考えた上野さんは、作りおきしていたサーターアンダギーがたくさんあったことを思い出します。樹木さんに自慢のお菓子を勧めて、もてなしました。

上野さん「ほら、これ食べない？」
樹木さん「ありがとう。でも、体が痛いから食べられないのよ」
上野さん「どんな病気でも、みんな食べるのよ」

樹木さん「そう？　じゃあ、一つ食べてみようかしら」
上野さん「おいしいでしょう？」
樹木さん「おいしいわね」

一方で樹木さんは、勧められたお菓子を一度は断りましたが食べました。全身にがんが転移していた状態にあり、体の痛みもあったはずでした。部屋にあった椅子に座るようにも勧められましたが、「足が痛いから」ということで座ることすらできなかったといいます。

しばらくわだかまりのない話をしたあとの別れぎわ、上野さんはお客さんに手ぶらで帰らせてはいけないとして、お菓子を持って帰るよう勧めました。

樹木さん「それじゃあ、そろそろ帰るわね」

上野さん「お菓子、持って帰ったら？」
樹木さん「じゃあ、おみやげにみんなもらっていいかしら？」
上野さん「いいわよ。どうぞ」
樹木さん「ありがとうね。じゃあね」

ふらりとやってきたおばあちゃんが樹木さんだったことを、上野さんはあとになって知りました。体の痛みを抱える状態にあり、最初はお菓子を食べることを拒んだ樹木さんでしたが、最後には笑顔で全部持って帰ってくれました。そんな樹木さんの姿に、上野さんは「ハンセン病の人間にもやさしく声をかけてくれる人だと思って尊敬した」と振り返ります。

樹木さんはこの訪問にどのような心境で臨んでいたのでしょうか。
NHKが別の番組で樹木さんにインタビューを行った際に、そのときのエピソードにふれていました。

樹木さん

「なんかね、突然、用意されて〝初めまして〟っていうのがね、あたしも好きじゃないし、またそういうところへ突然、用意がないところで行くと、いろんなものが見えてくるのね」

「私たちには生きる意味がある」

映画のモデルとなった人物の〝ありのままの姿〟を確認したいと考えていた樹木さん。事前に本人に連絡をせず、また自分自身も〝女優〟という肩書を置いて、一人の人間として向き合おうとしていました。

実は、樹木さんは上野さんと会う前に、少し離れた場所から上野さんの様子を窺っていたのです。自分宛ではない郵便物がポストに入っていたことを、上野さんが施設のスタッフに注意していました。その様子を樹木さんは遠くから観察していました。

樹木さん
「彼女（上野さん）が、職員に文句言ってるわけですよ。〝あれはね、またあたしのところに間違えてね、郵便物が入ってたわよ。間違えないでよ！〟って怒ってんの。それを向こうで待ってて見てました。（上野さんは）元気いっぱい。私より元気いっぱい。けんかしてんなーと思ってね。文句言ってんなーと思って。うん。それでいいなあと思いました」

そうした上野さんとの出会いから受けた印象を、樹木さんは映画での役づくりの参考にしたとも語っています。

樹木さん

「やっぱりそういう彼女（上野さん）を見ると、この『あん』の徳江さんというのは、そんな悲劇のヒロインみたいに、じっとはしてないなと、こういうふうに思うわけね。

けんかしているのを見て、〝あ、これでいいんだ〟と確信したんですよね。だからこの人にとって、今、普通の日常はちっとも変わらない。

はたから見れば悲劇的な要素をたくさん持った人間なんだろうけども、自分の中ではもうそれは乗り越えて、13歳のときに連れてこられた何年かは本当に悲壮だったと思うけど、もう乗り越えて、日常を当たり前に、人と同じように生きているというふうに、そういうふうにつくりました」

樹木さんは、上野さんとの出会いから、特異な過去を背負ってきたハンセン病の元患者であったとしても、人と同じように怒り、悲しみ、そして喜びながら今を生きる、という姿を受け取っていたようです。事実、上野さんは若くして家族と離れ、社会と隔離された環境で暮らしてきました。ブリキのお金を渡され、それで買い物をしました。施設で出会い結婚した夫は、断種の手術を受けました。家族に迷惑をかけるからと、本名を名乗ることを許されずに偽名を使っていたこともありました。自分の存在を否定され、社会にいないものとされながら生きてきたのです。

人は何のために生まれてくるのか。「生きる意味」とは、何か。

映画の中で樹木さんは、ハンセン病の元患者の徳江役として、このように語っています。

「私たちはこの世を見るために、聞くために生まれてきた。だとすれば、何かになれなくても、私たちには生きる意味がある」

「お棺に入るまで一緒に生きましょうね」

映画『あん』の撮影が終わり、2014年12月に樹木さんから上野さんに手紙が届きました。毛筆で書かれた文面には、突然訪問したことをわびる言葉がありました。

「暖かい日でしたネ　驚かせてゴメンー　映画あん　撮影終了しました」

手紙は、森元さんという東京にあるハンセン病の療養所にいるかたを通じて渡されました。上野さんが手紙を受け取る前、樹木さんが上野さんを再度訪ねていました。そのとき、上野さんが「有名なかただったんだね」と言うと、樹木さんは「いえいえ、有名じゃないのよ」と答えたといいます。上野さんにとって、謙虚なかただという樹木さんへの印象は変わりませんでした。

上野さんにとって、樹木さんからの手紙は大切な存在となっています。お客さんが来たときに自慢できるようにと、いつでもすぐ手にとれるところに置かれています。「お棺に入るまで一緒に生きましょうね」。手紙を手にして、やさしく語りかけていました。

壮絶な人生を送ってきた上野さん。ハンセン病の元患者としての体験を伝える語り部として、全国を回る活動を続けてきました。人生から逃げることなく、真正面から立ち向かい続けてきました。そんな上野さんが、〝生きる〟ということについて、私たちにこのように話してくれました。

「残された人生は、そうたくさんないと思いますけども、やっぱり正しく生きたいと思います。

人間として生まれたからには、信じる道がなくて、何の人生でしょうか。

信念を持って生きるというのは、本当に苦しいことですけれども、そういうふうに生き抜いていきたいと思います。ありがとうございました」

上野正子さん

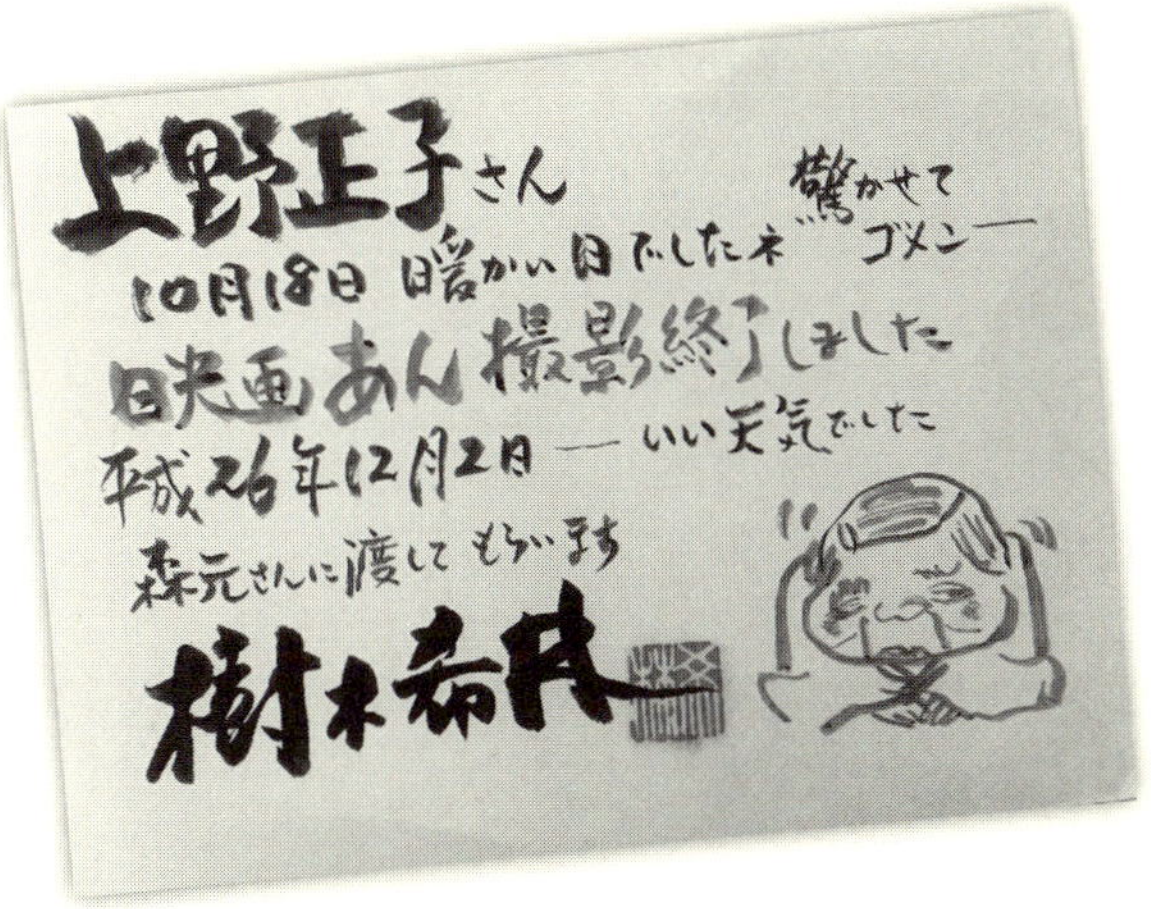

10月18日　暖かい日でしたネ
驚かせて
　ゴメンー
映画あん撮影終了しました
平成26年12月2日
――いい天気でした
森元さんに渡してもらいます
樹木希林

〝驚かせてゴメンー〟映画のモデルとなった女性への手紙

講演先に宛てた挨拶がわりの直筆のＦＡＸ

ディレクター　**藤田盛資**

２０１２年、樹木さんに講演会を依頼した山形県の米沢法人会。場所やスケジュールの打ち合わせをＦＡＸでしていると、この１枚が送られてきました。依頼者は感激のあまり、このＦＡＸを告知のチラシにもとり入れました。結果、５００人が集まる大盛況の会になったそう。講演会のあとは、疎開先だったという上山温泉に１泊し、初めて会う地元の人たちと交流しました。

仕事のやりとりはＦＡＸで行うことが多かった樹木さん、そんなところにもユーモアと誠実さを欠かしませんでした。

63 講演先に宛てた挨拶がわりの直筆の FAX

米澤法人會へ

米澤法人會女性部會の皆さま

私　樹木希林《キキキリン》　69才です

この度は有難うございます　写真が無い
ので添え書と似顔を送ります

昭和18年1月15日（1943年）大戦の
まっただ中に生まれました　東京神田神保町です
ソカイ先は山形県かみの山温泉だったそうです

西本願寺系の女学校
卒業後18才で劇団
文学座に入りました
役者歴50年です
夫　内田裕也　ロックンローラー
婿　本木雅弘　運命の人
坂の上の雲
おくりびと等
あと娘1人　孫3人
よろしくお願いしま――す

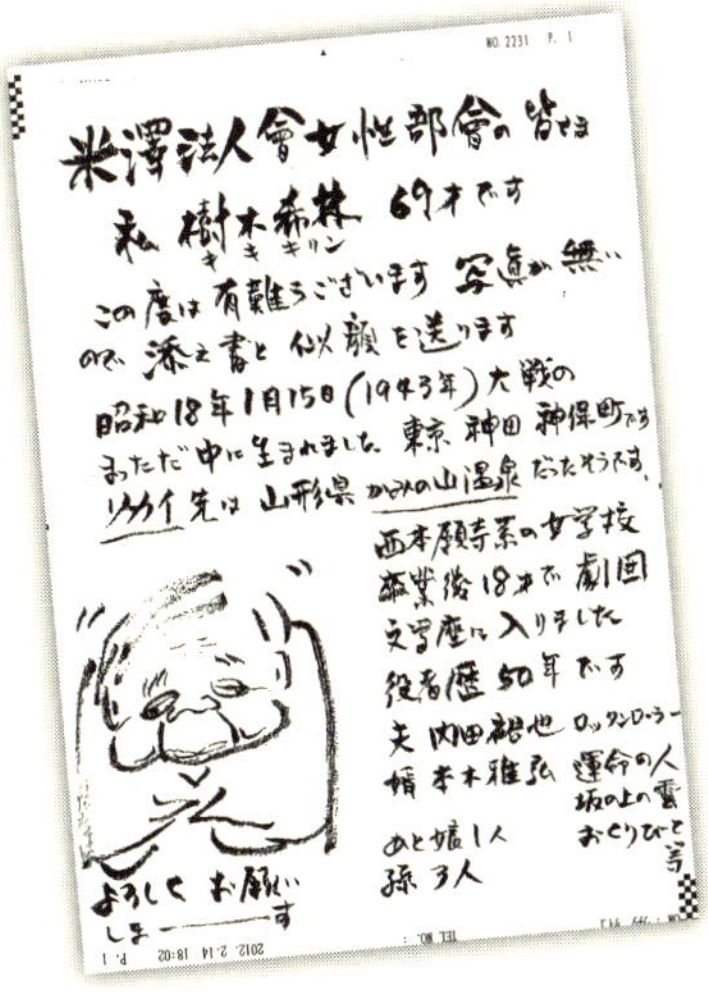
NO.2231 P.1
米澤法人會女性部會の皆さま
私 樹《き》木《き》希林《キリン》 69才です
この度は有難うございます 写真が無い
ので 添え書と似顔を送ります
昭和18年1月15日(1943年)大戦の
まっただ中に生まれました 東京 神田 神保町です
ソカイ先は 山形県 かみの山温泉 だったそうです
西本願寺系の女学校
卒業後18才で 劇団
文学座に入りました
役者歴50年です
夫 内田裕也 ロックンローラー
婿 本木雅弘 運命の人
坂の上の雲
おくりびと等
あと娘1人
孫3人
よろしくお願い
しま――す
2012. 2.14 18:02 P.1

講演先に宛てた挨拶がわりの直筆のFAX

商社の正月広告
すべての働く人に宛てた手紙

ディレクター　**藤田盛資**

「新年を迎える社会人にメッセージを」と、伊藤忠商事から依頼を受けた樹木さん。担当者からコンセプトを聞くと、その場で筆をとり、ものの数分で書き上げたそう。

幕末に活躍した高橋泥舟の言葉と、伊藤忠商事のルーツである近江商人の「三方よし」の精神を踏まえた文章が、正月の新聞広告に掲載されると反響も大きく、翌２０１７年の正月広告も執筆。

樹木希林さんからの手紙
人生上出来！と、こらえて歩こう

樹木さんらしい、ウイットに富んだ作品です。

すべての働く人へ

欲と雪は積るほど
道を忘れるっていうじゃないネ
今年も売り手よし　買い手よし
世間よし――で
おめでとうございます

樹木希林

樹木希林さんからの手紙
人生上出来！と、こらえて歩こう

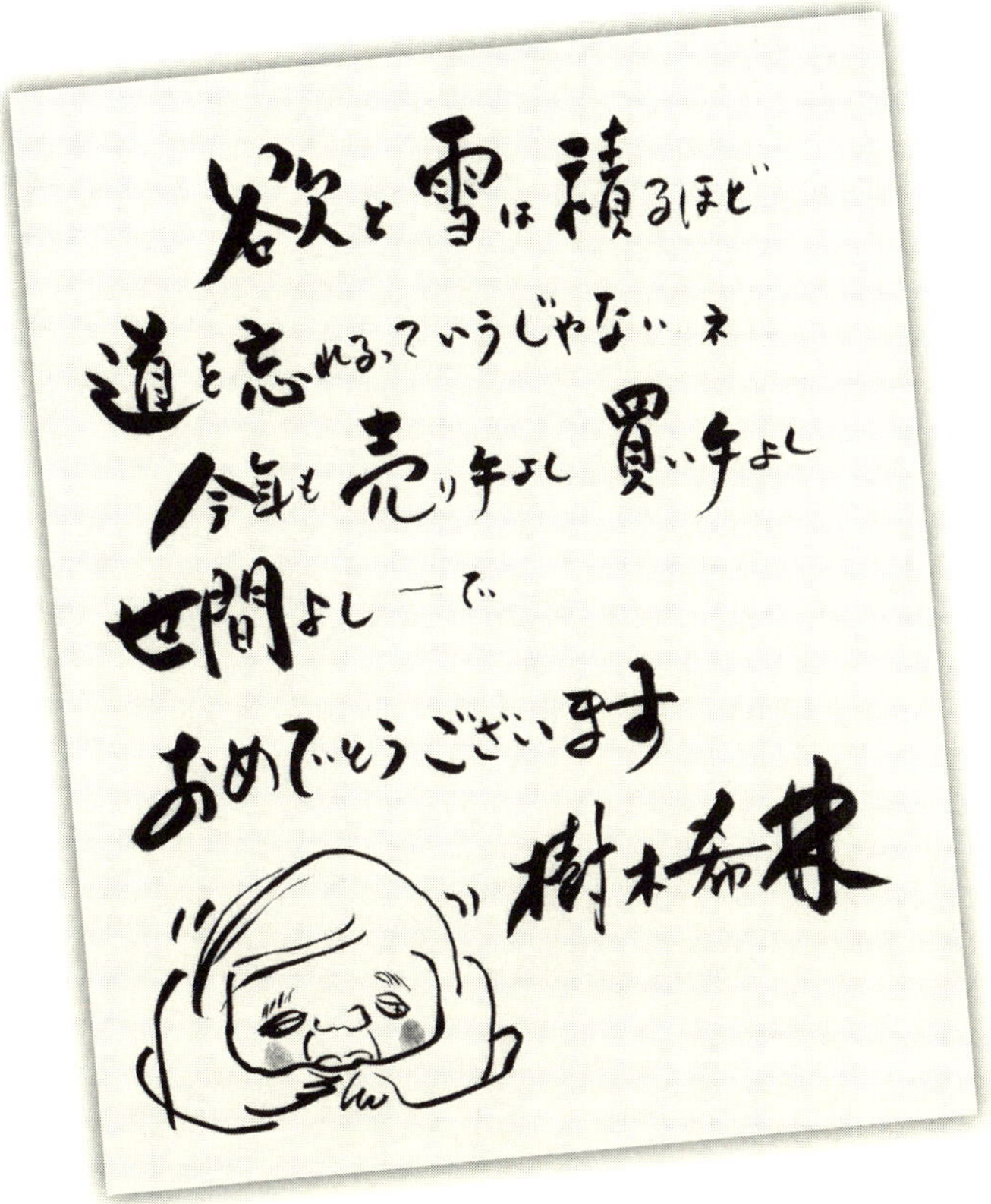
欲と雪は積るほど
道を忘れるっていうじゃないネ
今年も売り手よし 買い手よし
世間よし一で
おめでとうございます
樹木希林

第2章

若者の未来にエール

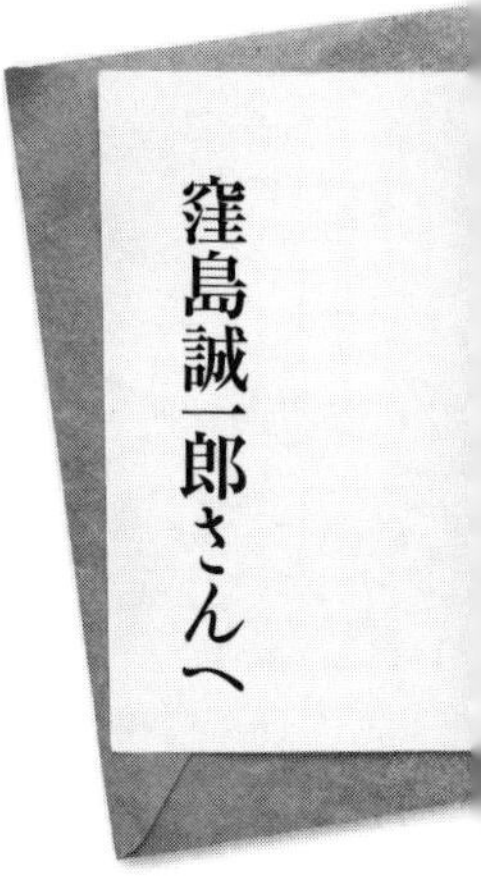

新成人へ送った手紙

記者 **伊藤香於里**

樹木さんは、これから社会に旅立つ若者に向けても手紙をつづっていました。手紙が渡されたのは長野県の山の中で行われた小さな成人式です。ＮＨＫ長野放送局では、手紙を受け取った若者にフォーカスをあて、それぞれのその後をよりていねいに描きたいと改めて番組制作の機運が高まっていました。そこで、県内向けの番組『知るしん』を制作することになりました。『知るしん』では、『クローズアップ現代＋』には盛り込みきれなかったそれぞれの若者の手紙への思いやエピソードも伝えています。また、『クローズアップ現代＋』に出演していただいたかたに加えて、ほかに樹木さんから手紙を受け取ったかたにも新たに取材をしました。

ユニークな美術館との出会い

長野県上田市。山というより丘というほうがふさわしいような「山王山《さんのうやま》」の坂の上にたたずむ美術館があります。「無言館《むごんかん》」と名づけられたこの美術館には、太平洋戦争で命を落とした画学生が遺した絵が飾られています。２０１６年、ここで開かれた少し変わった「成人式」で、樹木さんは集まった新成人に直筆の手紙を渡していました。

樹木さんは、この美術館を２０１５年に訪れていました。ある番組の撮影の合間をぬって、足を運んだのです。そのとき応じたのが、無言館館長の窪島誠一郎《くぼしませいいちろう》さんでした。

窪島さんはこの無言館で毎年「成人式」を開いています。画学生の絵の前で新成人の門出を祝うもので、毎回、著名人をゲストに呼んでいました。

以前から樹木さんにゲストとして参加してほしいと考えていた窪島さんは、美術館を訪れた彼女に、「来年、来られませんか」と話を持ちかけました。すると、その場では「仕事が入っているので、すぐには答えられない」と言われますが、まもなくして「お引き受けします」という返事をもらったのです。

無言館での成人式では、恒例として、新成人一人一人にゲストから手紙が渡されることになっていました。樹木さんにも同じように頼んだといいます。

樹木希林さんからの手紙
人生上出来！と、こらえて歩こう

手紙を書く手がかりとなるのは、無言館が、参加する新成人にあらかじめ書いてもらうアンケートでした。そこには、自分の好きなところや嫌いなところ、将来の夢などの項目がありました。樹木さんが招かれた2016年、参加が決まっていたのは25人。樹木さんはこのアンケートをもとに、一人一人に宛てて直筆で手紙をしたためたのです。

忙しい仕事の合間をぬって、また、体調を押して——その頃にはがんにかかっていることも公表していました——この成人式に駆けつけた樹木さん。どんな思いがあったのでしょうか。

「私はあの戦争というのを体験していないので、もう73ですけれどそれでも体験していないんですね。そうすると記憶がこう、ないんですよね。あの大変さというのが。だから、またこうやって薄れていく人たちがこうやってふえていくと、また戦争っていうのはもうやってもいいんじゃないかという人がふえてくるんだろうなというふうに思います」

樹木さんが、成人式の日に集まった人たちの前で語った言葉です。国や権力、大きなものを疑いなく信じてはいけない、自分の目で確かめることが大事だというメッセージを込めたのです。

窪島さんは、出会ってから何度も、樹木さんと話をしたといいます。そこでは、戦争の時代に生まれ、時代をくぐり抜けた世代が共通で持っている「ある種の後ろめたさ」についても話されました。生きたくても生きることができなかった人たちの分を自分たちは生きているという意識がある、ということなのです。樹木さんは「死ぬ覚悟というのは生きる覚悟だ」とも話していたそうです。

がんという病気のことも覚悟していたであろう樹木さんには、これからの世の中を背負って、担っていく若者に、何か遺しておこう、励まして、くじけさせてはいけないという思いがあったのかもしれません。

忙しい中で、直筆で手紙を一人一人に宛てた樹木さん。その内容は、それぞれの若者が置かれた状況や、自分のことをどう思っているのか、何をこれからしたいと思っているのか、そういったことに濃やかに寄り添うものでした。

澤田大地さんへ

〝とにかく仕事を面白がる〟介護の道を志す若者へ送った手紙

ディレクター　**木村優希**

成人式で手紙を受け取った一人、長野県に住む澤田大地さん（22歳）。成人式に参加した当時は、専門学校で介護福祉士をめざす学生でした。介護の世界へ飛び出す希望と不安を抱く彼に、樹木さんは独特の人生観でエールを送ります。樹木さんらしい毒気とやさしさに満ちた手紙に最初は戸惑ったという澤田さん。社会に出て介護士として働く中で少しずつ、その意味をかみ締めています。

手紙は起きてすぐ見えるところに

今回『クローズアップ現代＋』制作にあたり、無言館館主・窪島誠一郎さんにご協力いただいて、参加した若者数名を紹介してもらいました。その中の一人が、澤田大地さんです。アンケートには介護士の道を志していること、一方で関心のあることには介護施設の人手不足や川崎の老人ホームで起きた殺人事件を挙げ、介護の世界に対する不安も感じられました。

さっそく、電話してみると、出たのはお母さま。「額縁に入れて大切に飾っていますよ」とのこと。また無言館の成人式は家族の大切な思い出となっていること、先日の樹木さんの訃報に澤田さんがとても落ち込んでいたとのお話を伺い、ぜひとも取材をさせてほし

い旨をお伝えすると、「樹木さんにはとても感謝しているので、お役に立てるなら」と、取材にご協力いただくことになりました

翌日、ご自宅に伺うと、野球で鍛えたがっしりとした体に穏やかな表情を浮かべた澤田さんが出迎えてくれました。手紙を見せてもらうと、直筆の手紙は全部で3枚。1枚ずつ大切に額に入れて、ご自分の部屋の一番よく見えるところに飾ってありました。朝起きたとき、ちょうど視界に入る位置にしているのだそうです。

「仕事でいやなことがあったとき、こういうのを見返したいなという思いがありました」

樹木さんの訃報を知った日、澤田さんは成人式当時のことを思い出しながら手紙を読み返しました。

「1回会って、成人式でああいう経験をさせていただいてから、そういう訃報を聞くと、身内のような気持ちで、言葉が出なかったです。本当に病気を抱えているのかというくらい、元気なかただった

ので、急にお亡くなりになられたことは、ショックでした」

〝年をとると人間が成熟するとは大間違い〟

樹木さんの独特の人生観から始まるこの手紙。まさにこれから大志を抱いて介護の世界へ進もうとする若者に対して送るには、いささか刺激が強すぎるような気もしますが、当初、澤田さんはどう受け止めたのでしょうか。

「最初にもらったときは、あまり深く考えなかったですね。こういう文を書く人なんだという人間性もありました。文が結構、まわりの人には考えられない内容なので、何を考えているのか、何を伝えようとしているのかわからない文面もありました」

成人式に参加した当時は福祉の専門学校生。将来は介護関連の仕事に就くと具体的に決めていたため、日々の関心はもっぱら介護の話題。その最中、飛び込んできた神奈川県川崎市の有料老人ホームで起きた殺人事件、同じ介護に携わる者が引き起こしたことにショックを受けたといいます。しかし樹木さんはこの事件について、手紙の中で「私もやりかねないと思うとゾッとする」と言及しています。

「文章を見て……実際にはしないと思うんですけど……」

澤田さんは複雑な表情を浮かべて言葉を詰まらせました。樹木さんの手紙の真意を、まだよく飲み込めないでいたのです。

成人式の翌年に澤田さんは夢を叶え、現在は介護福祉士として長野県内の介護老人保健施設で働いています。手紙を受け取った当初は、ただ樹木さんらしくユニークだととらえていた言葉。実際に介護の現場に立ち、その意味を少しずつかみ締めるようになりました。

「利用者さんが年を重ねていっても、必ず穏やかになっていくというのは違うんだというのと、不自由になった分だけ、伝えたいこともふえて文句も出ると。……いろんな人がいて、文句もその分出て、もちろん感謝の一言をもらうこともありますし、もらえないときもありますが、そういうのも含めて人間だというのを改めて仕事に就いてから知りました」

たとえば「人生の大先輩から学べることはたくさんあるから、頑張って」など、わかりやすく、毒のない、聞き心地がいい言葉は不安をあおることもないでしょう。ですが、樹木さんはあえて辛辣《しんらつ》な言葉を交え、独自の人生観でエールを送っています。

樹木さんは、いずれ抱くかもしれない介護特有の悩みに対して先回りしてアドバイスを送っていたように感じられました。

「人生の大先輩たちはひと筋縄ではいかない。若いあなたにたくさん文句も言うだろうし、それを不満に感じ、腹立たしく感じるときもあるかもしれないけど、自然な感情だから深く悩まないで」と。

〝とにかく仕事を面白がる〟

とにかく仕事を覚えることに必死だった1年目を経て、社会人2年目には若手ながら3人の利用者を任されるまでになった澤田さん。仕事に慣れ、気持ちにも少し余裕が出てくると、今まで以上にコミュニケーションに悩むようにもなりました。澤田さんが勤務する施設は在宅復帰を目的にリハビリをしています。食事の介助ひとつとっても利用者には、なるべく自分でお箸を使って食べてほしいと考えています。

「強い口調で返ってくることもありますよ。でもそこで簡単に手を貸してしまったら、その人は今度からそうなってしまう……。ときには、声を上げたいときもあります。自分が必死に利用者さんのために動いても、必ずしも自分が期待している答えが返ってこないとよく感じます」

利用者にとって最善のケアとは何かを考えるからこその悩み。澤田さんは行き詰まるたびに手紙を読み直しました。ヒントとなったのは次の一節です。

水ってのはどんな形の器にも添うのに
雨だれのポツンポツンで
岩や鉄にも穴をあけるでしょ
どんな人間にも添えるけど――
こりゃムズカシイ
あとは正しく念じて巖《イワオ》も通してネ
とにかく「仕事を面白がる」デス

「利用者さんの意思をくみ取ってよりよいケアができる、それが全員に対してできるというのが、どんな人間にも添えるような人間にということだと思います。樹木希林さんにとってもこれがムズカシイと考えているなら、自分ではまだまだムズカシイし、経験とか年を重ねていかないとなと思います」

職場を訪ねると、ちょうどお昼時。澤田さんは食事の介助中でした。鮭ごはんを口に運ぶ手を止め、相手の目をまっすぐ見ながら「どうぞ」とスプーンを手渡しました。女性がゆっくりと自分で口に運ぶ姿を温かく見守る澤田さん。女性もかすかに口元をゆるませます。樹木さんの言葉を胸に、自分なりの答えを探す姿がありました。

澤田さんが手紙の中で一番支えにしているのが「仕事を面白がる」という部分です。私は最後に、今仕事を面白がれているかと問いました。

「楽しくなければ仕事は成り立たないと思うんです。つらいこともありますし、逃げ出したくなるときもありますけど、楽しくてこそ、やっていけるのが仕事かなと。介護は結構、いろいろつらい。日中の生活の補助をしなければいけないので、排泄も見なければいけないし、利用者さんとの会話でも、いろいろこじれるときもありますし……。意見が違うときもあります。楽しいというときは、ずっと感じるわけではないのですが、一瞬、利用者さんの笑顔とか、在宅復帰されるかたがいるとか、レベルが落ちずに頑張っているかたを見ると、楽しい職場です。死と向き合えることも踏まえると、素晴らしい世界だと思っています。とにかく仕事を面白がる、とてもいい言葉だと思います。やっと樹木さんの手紙の意味を少し実感できるようになりました」

『クローズアップ現代＋』の続編として制作した、長野県内向けのドキュメンタリー番組『知るしん』では、取材に協力してくれた若者たちに、樹木さんに返事の手紙を書くことを提案しました。取材中、若者たちから「もう一度会って、お礼の返事をしたかった」との声を聞いたためです。社会に出てから、あるいは、まさに社会に出ようとする今だからこそ、手紙の言葉が深く響き始めた若者たち。その矢先の樹木さんの訃報でした。

もちろん、樹木さんに再び会うことはもうできません。手紙を読んでもらうこともできません。ただ書くことで、樹木さんへの自分自身の気持ちも整理されるかもしれません。かといって返事を書くことを強要するつもりはありませんでした。それでも全員が「書きたい」と即答してくれたのは、樹木さんへの深い感謝の念があったからです。今回、許可を得て手紙の一部をご紹介させていただきます。介護福祉士の澤田さんは、内容を何度も家族にも相談し、清書に1時間かけて手紙を書き上げました。

拝啓、樹木希林様

夢だった介護福祉士になり、仕事に追われる日々を過ごしています。

手紙の内容は今もまだ深く理解できていない所もありますが、一日一日の経験や、積み重ね、様々な人々の出会いや関わりから当時は分からなかった所もやっと分かるようになってきました。

樹木さんからいただいたお言葉「仕事を面白がる」を日々忘れずに日々頑張っていきます。

天国から見守っていただけたら幸いです。

澤田大地

澤田大地さん

拝啓　大地さん
　年をとると人間が成熟するとは大間違い、
不自由になった分だけ文句が出るの　自分を
見てるとよく解る（73才）　私が川崎市の老人ホーム
に務めてたら　やりかねないと思うとゾッとするの
——でも　いずれ自分もなるであろう老人を学ぶ
には　もってこいの仕事ね、　私の独断だけど
手をぬく介護士っての　どうかしら、　してあげる

んじゃなく自力でやれるように　しむける……
待つ時間が足りないか……それでも何とか……

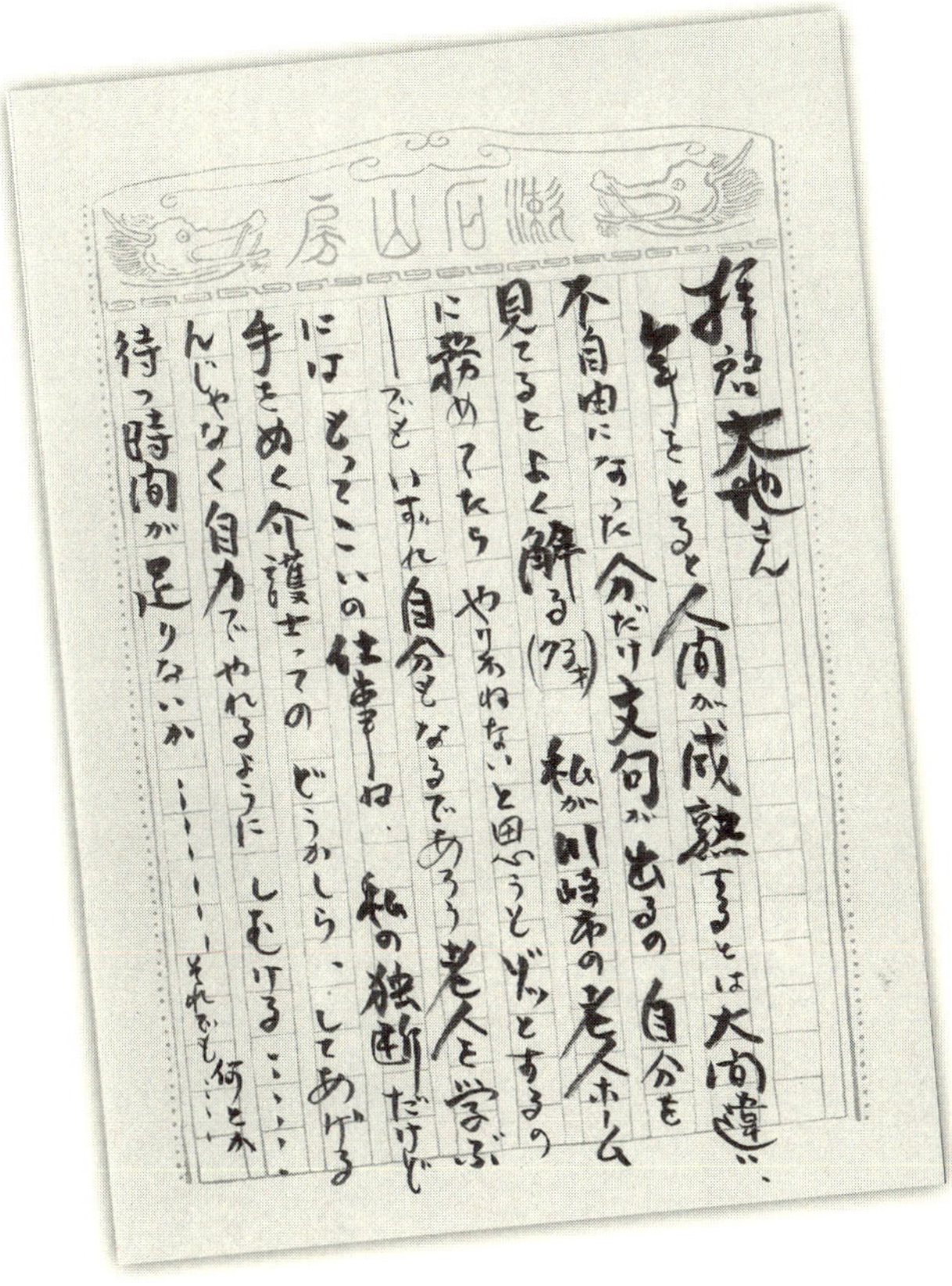
拝啓 大地さん
年をとると人間が成熟するとは大間違い、
不自由になった分だけ文句がある 自分を
見てるとよく解る(73才) 私が川崎市の老人ホーム
に務めてたら やりかねないと思うとゾッとするの
――でも いずれ自分もなるであろう老人を学ぶ
には もってこいの仕事ーね、私の独断だけど
手をぬく介護士ってのどうかしら、してあげる
んじゃなく自力でやれるように しむける……
待つ時間が足りないか――それでも何とか……

〝とにかく仕事を面白がる〟介護の道を志す若者へ送った手紙

明治天皇の歌だけど
器には　したがいながら　いわがねも通すは水の
力なりけり
水ってのはどんな形の器にも添うのに　雨だれの
ポツンポツンで　岩や鉄にも穴をあけるでしょ
どんな人間にも添えるけど――こりゃムズカシイ
でもネ　このやわらかさがあれば人望集り
ます、あとは正しく念じて巌《イワオ》を通してネ
とにかく「仕事を面白がる」デス

樹木希林さんからの手紙
人生上出来！と、こらえて歩こう

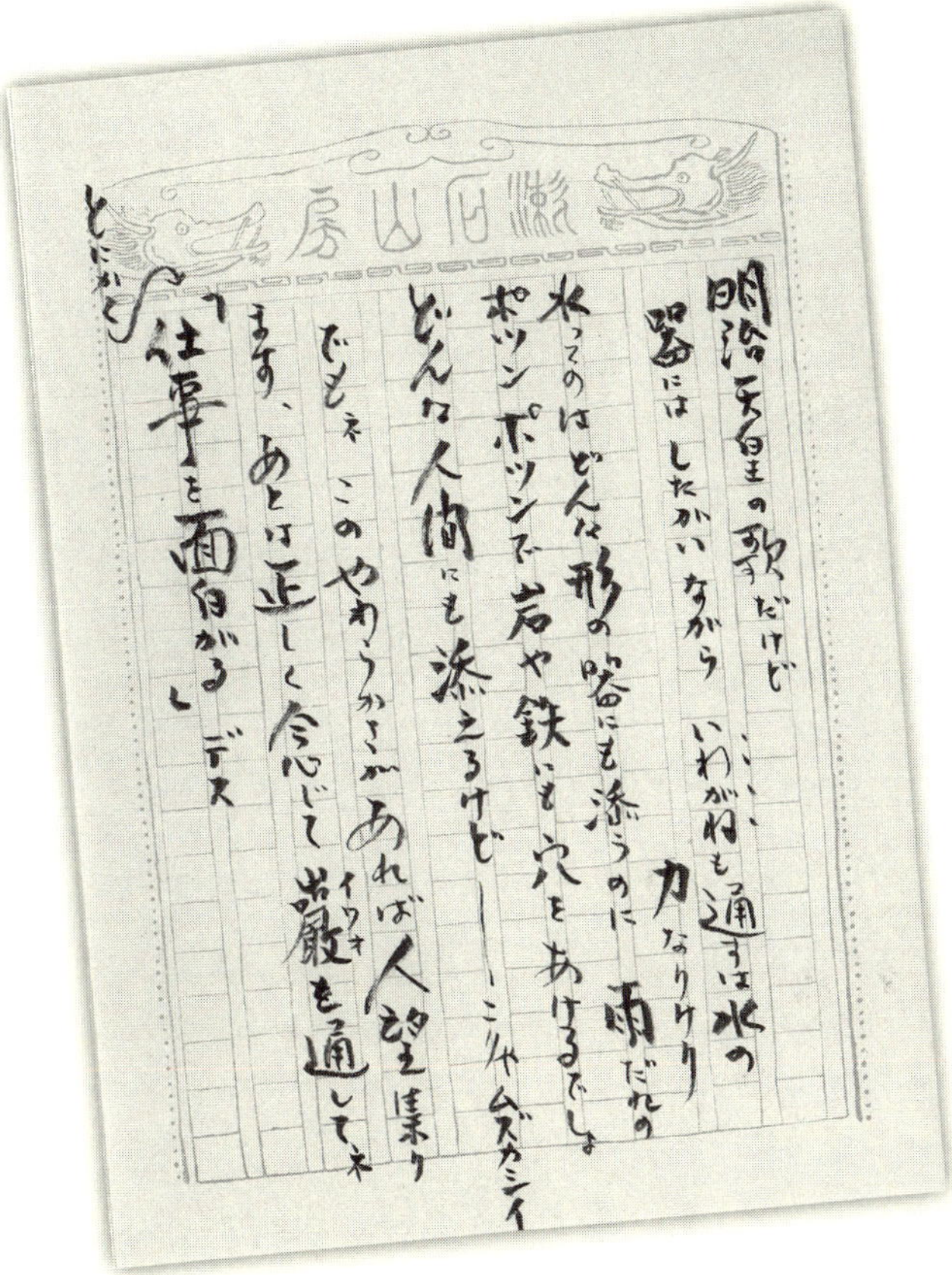
明治天皇の歌だけど
器にはしたがいながらいわがねも通すは水の
力なりけり　雨だれの
水ってのはどんな形の器にも添うのに
ポツンポツンで岩や鉄にも穴をあけるでしょ
どんな人間にも添えるけど——こりゃムズカシイ
でもネ　このやわらかさがあれば人望集まり
ます、あとは正しく念じて巖《イワオ》を通して、ネ
とにかく「仕事を面白がる」デス

〝とにかく仕事を面白がる〟介護の道を志す若者へ送った手紙

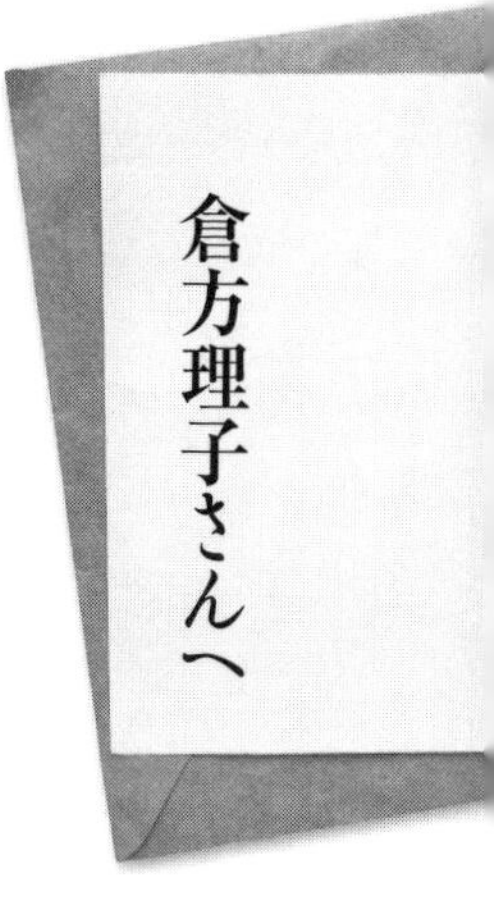

〝衣食足りて礼節を知るって言うけど〟国際看護師をめざす若者へ送った手紙

ディレクター　**木村優希**

２０１６年の成人式で手紙を受け取った、神奈川県に住む大学生・倉方理子さん（24歳）。世界でも活躍できる看護師をめざす彼女に樹木さんが送ったのは、世界を旅するうえでの心構え。樹木さんが亡くなって、倉方さんは、手紙の中の「貧亡」や「ハングリー精神」など、言葉一つ一つに込められた意味に改めて向き合いました。

モノではなく人の力が必要なところへ

高校生のときに家族旅行で訪れた無言館、そこで成人式のことを知った倉方さん。実はこれまで無言館の成人式には3度応募しています。20歳、21歳のときは申し込んだものの、予定が合わず、参加できませんでした。3度目でやっと参加できた、そのときこそが、樹木さんが参加された回でした。ちょうど、自分自身がこれからどうありたいのかを考える時期でもありました。

無言館で見た樹木さんは、たたずまいがとても静かでその場にただ身を置いている、そんな印象のあるかただったといいます。

私が取材で倉方さんの部屋を訪れたとき、医療系の専門書が並ぶ学習机を背に、壁一面に貼られた大きな世界地図が目に入りました。

よく見ると国々に赤・青・黄色のシールが多く貼られていました。「世界一周航空券を使って、一人旅をしようと考えていました。行きたいところを青でピックアップして、どうやったら一周できるルートで、自分の行きたいところを通って行けるかみたいなのを考えるためにこれを買ったんです。赤は実際に行った国や場所、黄色はもう一回行きたいところです」

これまでに訪れた国は30カ国を超えます。

「将来自分が何をしたいのかわからない今の状況では進学も就職もできない」と、倉方さんは高校卒業後、どちらの道も選びませんでした。自分が何をしたいのか、まずは卒業後すぐにピースボートが主催する世界一周の旅に出てみることにしたのです。

3カ月間の船旅では、看護にかかわる人との出会いや紛争の爪痕が残る国の思い出が強く印象に残ったといいます。そのことがきっかけで帰国後、「お金がもらえなくてもいい。モノではなく人の力

樹木希林さんからの手紙
人生上出来！と、こらえて歩こう

を本当に必要としている人たちのためにできることを」と、国際看護師を志すことに決めました。

樹木さんの手紙はクリアファイルに入れて、参加できなかった過去2回の成人式の手紙と共に学習机の引き出しにしまってありました。初めて手紙をもらったときの印象を倉方さんに伺いました。

「まずその長さに驚きました。それまでの手紙では一言三言の言葉を送っていただいていたので。樹木さんのときも同じくらいだと考えていた分、より驚きが強かったです」

なにより、アンケートに目を通して将来の夢である国際看護師についてふれてくれたことがうれしかったといいます。

〝貧亡だから足りてない訳ではないのね〟

樹木さんの手紙の冒頭、「貧乏」という言葉の「乏」の文字が「亡」になっています。12ページでご紹介した、いじめについて書いた手紙でも「それを亡くそうたってねえ」と、樹木さんはこれまでにもこの漢字をたびたび使っています。この意図をどう思うか倉方さんに聞いてみると、「意味があるような気がしますね、たぶん。間違っていたら、2ページ目の、ここは『を』を『が』に変えているので。これは間違いではなくて、何か意図があってのことだと思います。まだくみ取れない……」と考え込みました。

「亡」は死を連想させる文字。世界を旅して、人命を支えたいと志すようになった倉方さんはどうとらえたのでしょうか。

「今、思いつくとすれば……ある意味、何もかもないというか、極限状態。貧乏でも何かごはんが食べられるとか、そういうのではなくて、スラム街にいるようなことをさしながらの貧乏なのかなというのはあります。衣食住すべてが手に入らない、命にもかかわる状況なのかなと。ご本人に聞きたいですね」

貧しい、ひもじいより、さらに強い印象を受ける「貧亡」。樹木さんの真意はわかりません。正解はないのかもしれませんが、その言葉には強いメッセージが隠されていると倉方さんは考えます。

〝ハングリー精神で世界を旅して〟

「世界を旅するうえで大切なのはハングリー精神」

それはどういうことなのか、倉方さんはこのように解釈しました。

「私はどちらかというと、今まで表面的な世界遺産とか、ただそういう国に行ったことが多かったなというのはあって、でも樹木さんが言いたかったハングリー精神は、意欲的に、その国に行ったら人とかかわったり、物事を見て、表面的な部分だけじゃなくて、内面的な部分にふれる、その国にちゃんとふれる部分に行きなさいよということなんだと。今思うと」

倉方さんは断るのが苦手で、押し売りなどを恐れ、なかなか自分から声をかけられずにいたそうです。でも手紙を読んで、ほんの少し積極的になったと感じています。

無言館での成人式から2年後の今、倉方さんが一番行きたい国は南米やアフリカの中でも日々の暮らしが厳しい地域だといいます。その理由をこう語りました。

「モノであふれすぎていない場所は、あるものでやらなきゃいけないからこそそのハングリー精神がすごい。その場を楽しむとか、ある

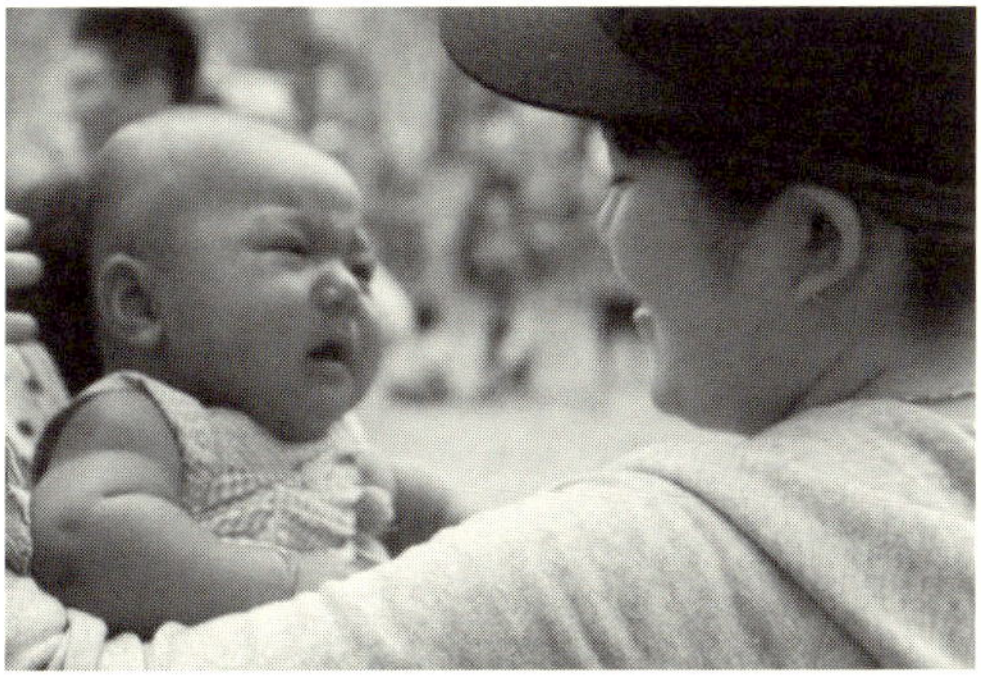

世界一周中、紛争の爪痕が残るカンボジアの
村を訪れた倉方さん。

ものでで生活する工夫など、いろんなものが多いと思うので、そういうところには今強く行きたいと思っています」

より多くの命を支えるための技術を身につけたいと考える倉方さんは、看護師だけでなく助産師の資格の取得もめざして進学を決めました。

「自分が世界に行ったとき、海外に旅行に行ったときでも、今後、行きたいと思っている場に対しても、どういう気持ちでそこに行ったらいいか。自分が患者さんとかかわるとき、どういう気持ち、自分の思いにプラスして、どういうことを考えながらやっていけばいいのかも、手紙には含まれているのかなと。今やっと読み返して感じるところではあります」

拝啓、樹木さん

無言館で頂いたお手紙は2年間経った今でも大切に保管しています。

当時は樹木さんから手紙を頂けると思っておらず、封筒の中身を見て驚いたことを覚えています。

あれから私は大学4年生となり、3月に卒業を迎えることとなりました。卒業後は誕生を支える仕事をしたいと思い助産師の資格を取得するため進学を決めました。

樹木さんとの一つの出会いが、時間が経った今、つながり始めている人生は本当に面白いなと最近感じています。

最後になりましたが本当にありがとうございました。

平成30年11月1日

（一部抜粋）　倉方理子

倉方理子さん

拝啓　りこさん
　衣食足りて礼節を知るって言うけど
貧亡だから足りてなくて　金持ちだから
足りてる訳では　ないのね
是非ハングリー精神で世界を旅して下さい
帰った時　改めて日本人の本来持ってる
みごとさ味わってネ

以前見たカナダの老人ホームの映像
感心したのョ　広々とした庭、建て物、

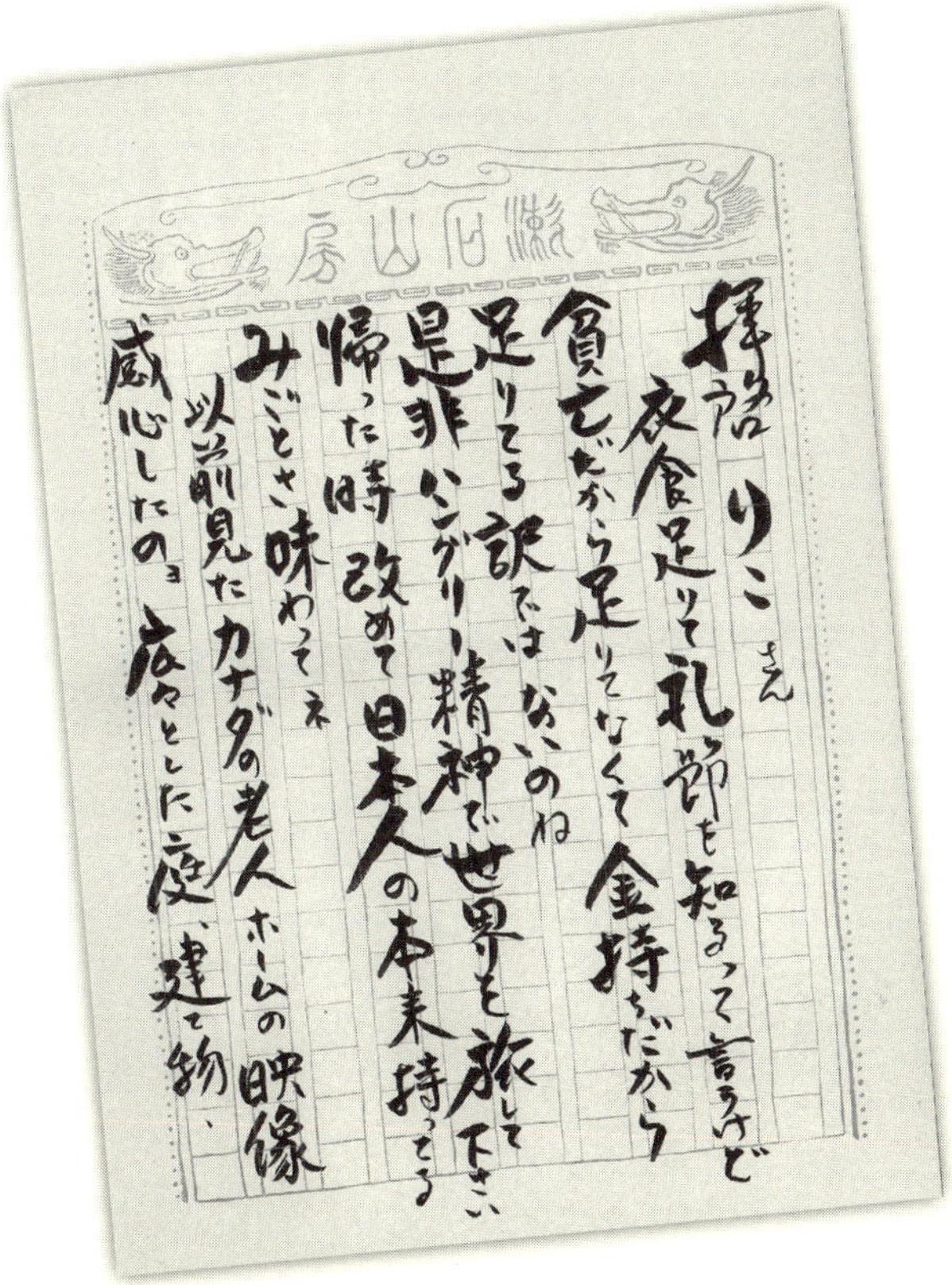
拝啓　りこさん
衣食足りて礼節を知るって言うけど
貧乏だから足りてなくて金持ちだから
足りてる訳ではないのね
是非ハングリー精神で世界を旅して下さい
帰った時　改めて日本人の本来持ってる
みごとさ　味わってネ
以前見たカナダの老人ホームの映像
感心したのョ　広々とした庭、建て物、

〝衣食足りて礼節を知るって言うけど〟国際看護師をめざす若者へ送った手紙

やたら高額なのに看護師が少いのョ
ただ　その人　その人に合う道具が　うまく
配置されてるの、看護師は使いかたを
教えるだけ　不満言う人は出てってもらうの
我々はほんの少し手を添えるだけ
入所者の自立が育つのを待つ、
これ――日本人は　むずかしいわネ
無理かな、手出しした方が早いものネ

でもその方がピンピンしてて
コロリと死ねるのにねェ──

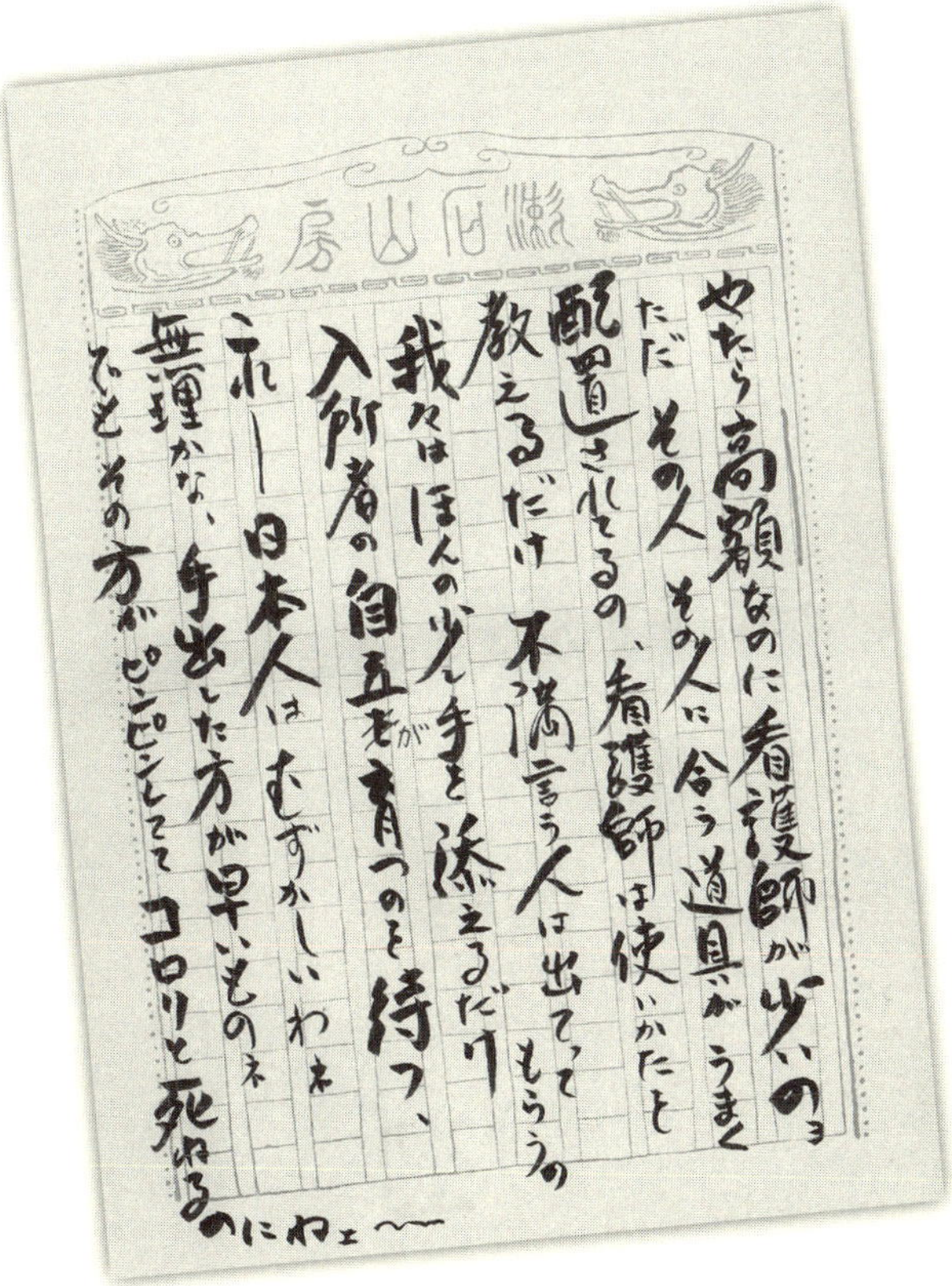
やたら高額なのに看護師が少ないのョ
ただ　その人　その人に合う道具がうまく
配置されてるの、看護師は使いかたを
教えるだけ　不満言う人は出てってもらうの
我々はほんの少し手を添えるだけ
入所者の自立者が育つのを待つ、
これ──日本人はむずかしいわネ
無理かな、手出した方が早いものネ
でもその方がピンピンしてて　コロリと死ねるのにねェ〜〜

〝衣食足りて礼節を知るって言うけど〟国際看護師をめざす若者へ送った手紙

勝田ゆり乃さんへ

〝教育とは寄り添い共に育つこと〟教師をめざす若者へ送った手紙

ディレクター　**木村優希**

お母さまの勧めで無言館の成人式に埼玉県から参加した勝田ゆり乃さん（23歳）。事前アンケートで将来の夢を「教師」と書きました。樹木さんは手紙で「教育とは寄り添い共に育つこと」との考えをつづり、エールを送りました。それから2年後の２０１８年春、勝田さんは夢を叶え高校教師として働いています。教師1年目、忙しい日々の中でも、その言葉を忘れずに奮闘する姿がありました。

教師になる前に諭された

実は私が勝田さんと出会ったのは２０１６年ではなく、樹木さんが亡くなる前、２０１７年の春のこと。無言館で行われる成人式に興味を持った私は、その式の様子を見学させてもらっていました。その場にいらしたのが勝田さんご家族でした。１つ下の弟さんが成人式に参加するということで、お母さまと一緒に来ていたのです。「来年から社会人なのですが、激務になりそうなので家族との思い出をつくっておこうと思って」と話されていたのが印象的でした。「いつか何かの形で、この成人式をお伝えできるときがきたら、そのときはぜひご協力いただきたい」と伝え、連絡先を伺いました。まさか樹木さんの訃報がきっかけで再会するとは互いに思ってもみなかったと思います。

参加したきっかけは、勝田さんのお母さまが職場の同僚から無言館の成人式について話を聞き、勧められたことだそうです。娘と同じ年頃で亡くなった画学生を追悼する美術館、そこで行われる成人式の趣旨に感銘を受け、「長野までの旅費は私が出すから行こうよ」と誘ったそうです。このとき、勝田さんは大学2年生、進学したのは第一志望ではない大学です。お母さまは「娘は受験に失敗したと落ち込んでいるのではないか」とずっと気にかけていました。参加を勧めたのには、娘を元気づけたい思いもあったそうです。

勇んで無言館に問い合わせの電話をしたものの、その時点ではまだ募集も始まっておらず、ゲストが樹木希林さんということもまだ知りませんでした。その後、ゲストで来られると知り、願ってもないことだと期待をふくらませ長野へ向かいました。

無言館で対面した樹木さんは、がんとの闘いを感じさせないほど凛としていました。写真をお願いすると、にこやかに「あら、どうぞどうぞ」と気さくに対応してくださったことが強く印象に残っているといいます。手紙を受け取り、初めて目を通したときの感想を勝田さんに伺いました。

「確かに教師というと、勉強を教えるイメージが強く、勉強を教える面を一番にとらえがちだけど、大切なのはそこじゃなくて、もっと根本的な、生徒と一緒に寄り添うことが、植物も同じなんだなじゃないですけど、法華経に書いてあるということは、先人もそう考えたわけで、教師になる前に諭された感じです。こういうことが大事なんだなっていうのをずっと今も持ち続けている感じです」

樹木さんから受け取った言葉は、勝田さんにとって教師をめざすうえでの大きな指針となりました。

〝共に寄り添い育つ〟理想の教師像に近づきたい

樹木さんの訃報を受けて取材を始めた2018年9月中旬。勝田さんはその年の春から高校教師となり、普段の授業に加えてボート部と軽音楽部、二つの部活をかけ持ちするなど、土日も含め多忙な日々を送っていました。ですから取材は、いつも勝田さんが帰宅される夜11時頃に電話で行うことになりました。朝は5時半に起床とのこと。貴重な睡眠時間を奪うことに申し訳ない気持ちもありましたが、電話をすると、いつも快く対応してくださったことに感謝しています。

教師1年目のめまぐるしい日々の中で、勝田さんが手紙と向き合う姿を取材させてほしいと思いながらも、無理強いはしたくない……。二の足を踏む私に対し、勝田さんのお母さまが「暗い夜道を一緒に歩いてこないと、大変さはわかりませんよ」と背中を押してくれました。そんなフォローもあり後日、勝田さんの帰宅時にその日常も取材させていただくことになったのです。

その日は、中間テストが終わった直後。部活が再開し、指導後にテストの採点まで行って、勝田さんが高校の門から出てきたのは夜9時過ぎのことでした。テスト直後に限らず、いつもこれくらいの時間になるとのことです。

「教師って忙しいと聞いていたので、覚悟は決めていたつもりだったんですけど、思ってた以上に忙しい。甘かったです」

学校から最寄り駅までの徒歩20分の道のりは、住宅街に囲まれ外灯が薄暗く光るのみ。一人で歩くには心細く、仕事の疲れもどっと押し寄せてきそうな帰宅路を歩きながら話を聞きました。まず日々、仕事に忙殺されて、樹木さんが言うような、生徒に寄り添う心の余裕なんてないのではと、少し意地悪な質問を勝田さんにしてみると、「そうですね……。まあ、でもそのことは常に忘れないで、忘れちゃいけない大事なことなんだろうなと思って心がけてはいます」と、やわらかいながら強い意志を感じさせる口調で答えてくれました。

教師1年目、生徒とのつきあい方を試行錯誤する日々です。「あの言い方だと生徒は傷ついたかなとか、もうちょっと別のやり方があったかなというのは、日々ありますね」と、寝る前には一人反省会をするのだといいます。

頭の中は常に生徒のことでいっぱいの勝田さんですが、考えるのをやめたいと思うことは不思議とないのだそうです。「7時間は寝てみたい」と吐露しながらも、教師という仕事にやりがいを強く感じていることが伺えました。

今、どれくらい理想の教師像に近づいているか自己採点してもらうと、しばし考えたあとで、50点と点数をつけました。

「今は自分のことで、いっぱいいっぱいになっちゃうことが多いので、いろんなことを経験することで、そこで新しく生徒の一面が見えたり、いろんな角度から物事を見られるような余裕ができていくと思います。寄り添い共に育つことって、模範解答がないじゃないですか。だから、これを完全に達成できるときは、こないかもしれない。でも自分ができる最善の方法をとっていきたいなと思っていきます。常に、あり続けたいと思うことが、一番大事かなと思っています」

拝啓、樹木希林様

先日、突然の訃報に接し、大きな衝撃を受けました。以前、長野県の無言館の静かな成人式でお会いした時の樹木さんの笑顔がその時私の頭に思い浮かびました。

樹木さんがくださった励ましのお手紙の中の言葉は今でも私の心の中にあり続けています。

働き始めて７ヶ月が経ち、うれしいことも、大変なこともたくさんありました。

毎日、朝が早くて起きるのが大変ですが、眠くても、学校で子どもたちに会うと元気をもらえるのです。不思議です。

ひとくくりに「高校生」と言っても１人１人の持つ個性は全く異なっていて面白いです。そんな、いろんな子どもたちと過ごす毎日は新鮮で充実しています。

一方で、しんどいなあと感じるときもあります。教員って思っていたよりも大変な職業でした。でも、どんな状況でも、目の前にいる生徒をよく見て、その子にとって最善のことは何か考え続けながらもう少し頑張ってみようと思います。

ユーモアがあって、あたたかくて、自然体な樹木さんはもういらっしゃらないのだと思うととても寂しいです。２年半前、お体が悪い中で、私たちのために成人式に来て下さったこと、お話してくださったこと、あたたかい手で私と弟の手を握ってくださったこと、忘れません。本当にありがとうございました。

敬具

（一部抜粋）

勝田ゆり乃

勝田ゆり乃さん

拝啓　ゆり乃さん
法華経の薬草論品第五番にね
太陽も雨も風も　わけへだてなく降り
そそぐって　書いてあるの、
　だけど　木の持つ性質で　うまく育
つものもいれば　根腐れする樹もある
陽が当りすぎて枯れるかと思えば、　日陰

だからきれいに咲く花もある
——って

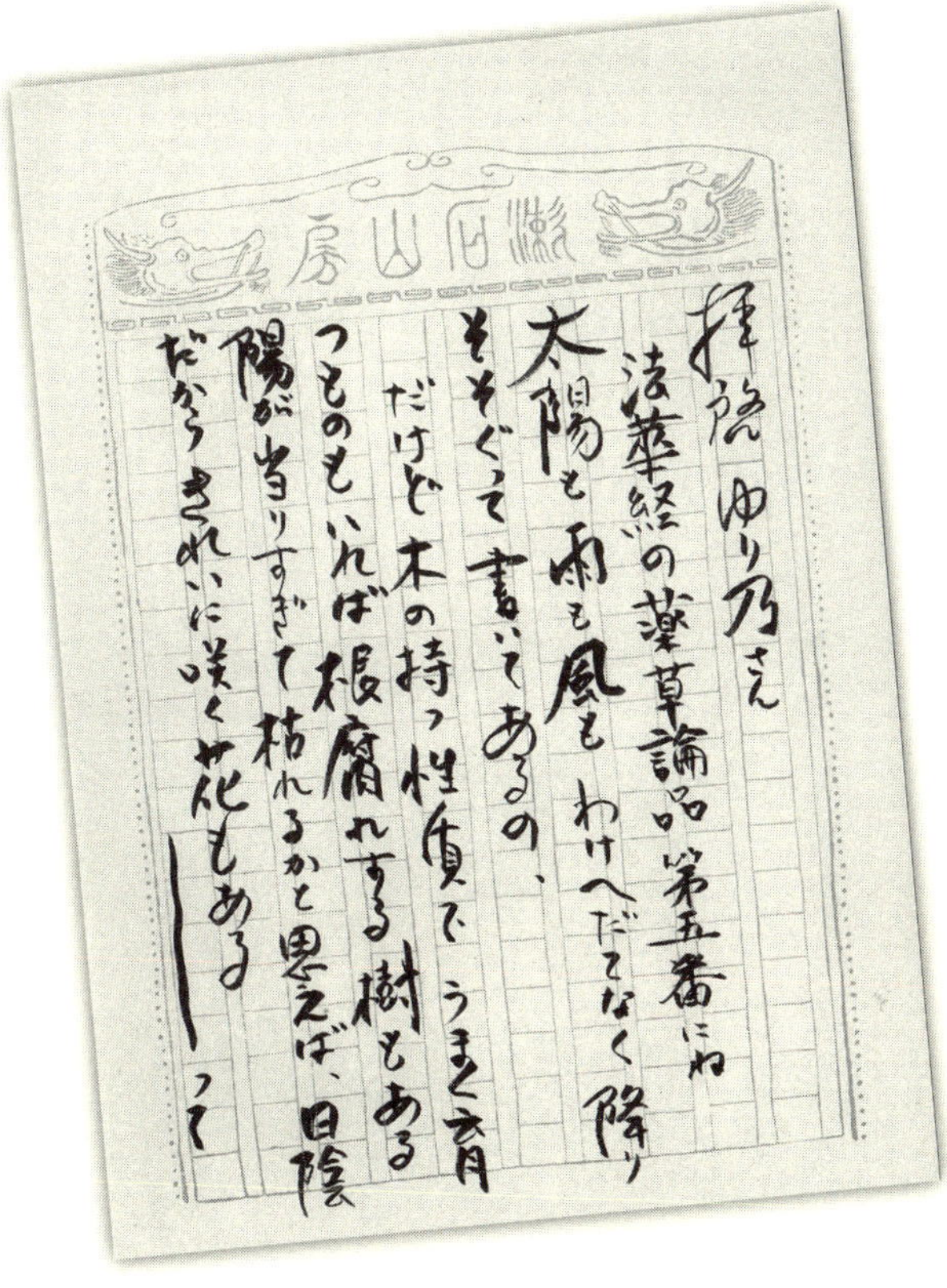
拝啓 ゆり乃さん
法華経の薬草論品第五番にね
太陽も雨も風も わけへだてなく降り
そそいで 書いてあるの、
だけど木の持つ性質で うまく育
つものもいれば根腐れする樹もある
陽が当りすぎて枯れるかと思えば、日陰
だから きれいに咲く花もある
——って

生徒も同じ、それぞれの性質によく耳を
かたむけ聞いて　その子が一番輝く場所を
共に探す、教育って教えるだけでなく
寄り添い　共に育つことかもしれない
生徒に行きづまったら　その子の親の
愚痴を聞くといい、そっくりだから
――案外　糸口が 見つかる筈

それが面白くなったら
ああ教師になって幸せ――ッッッョ

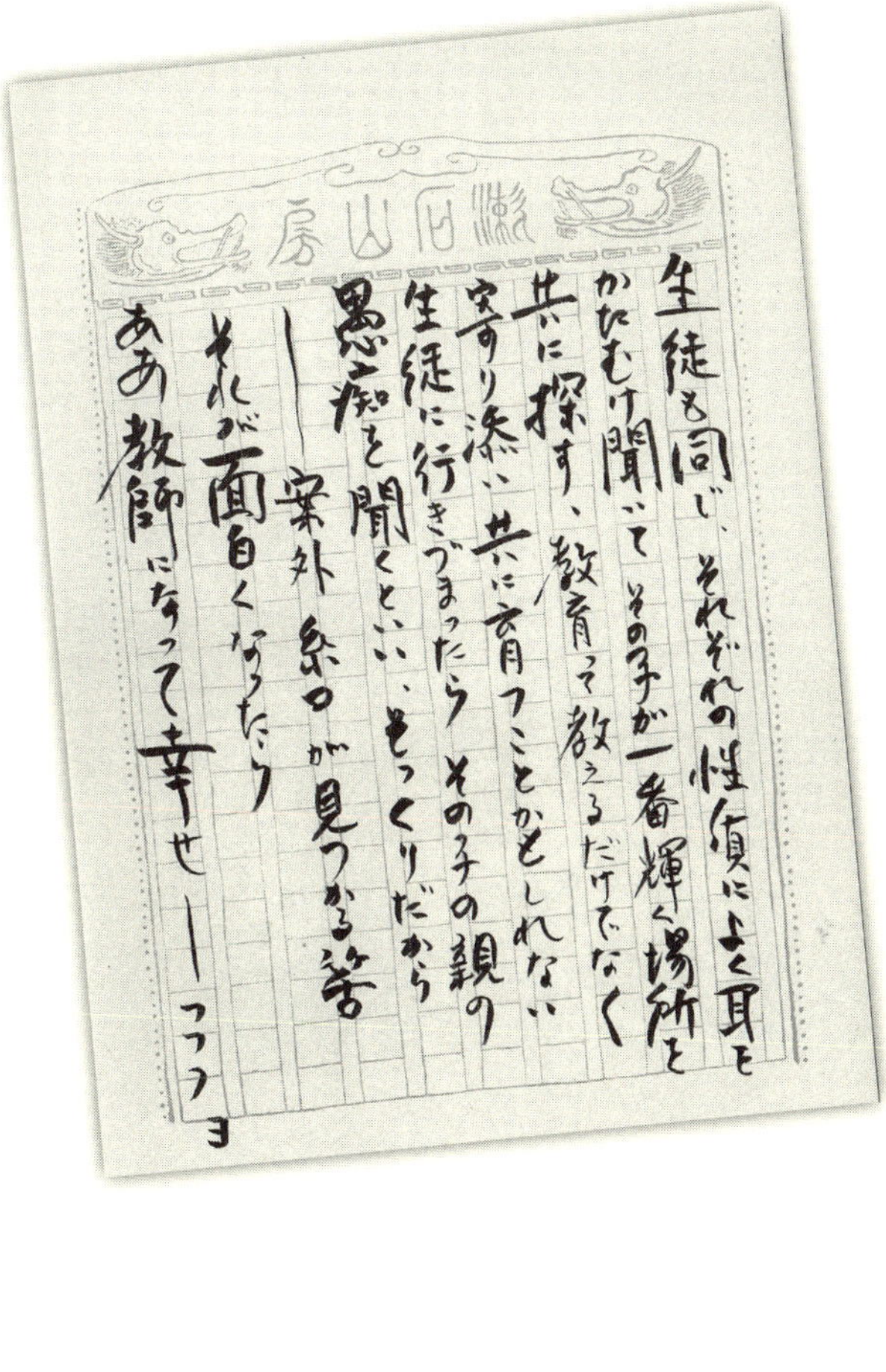
生徒も同じ、それぞれの性質によく耳を
かたむけ聞いて　その子が一番輝く場所を
共に探す、教育って教えるだけでなく
寄り添い、共に育つことかもしれない
生徒に行きづまったら　その子の親の
愚痴を聞くといい、そっくりだから
――案外糸口が見つかる筈
それが面白くなったら
ああ教師になって幸せ――ッッッョ

〝教育とは寄り添い共に育つこと〟教師をめざす若者へ送った手紙

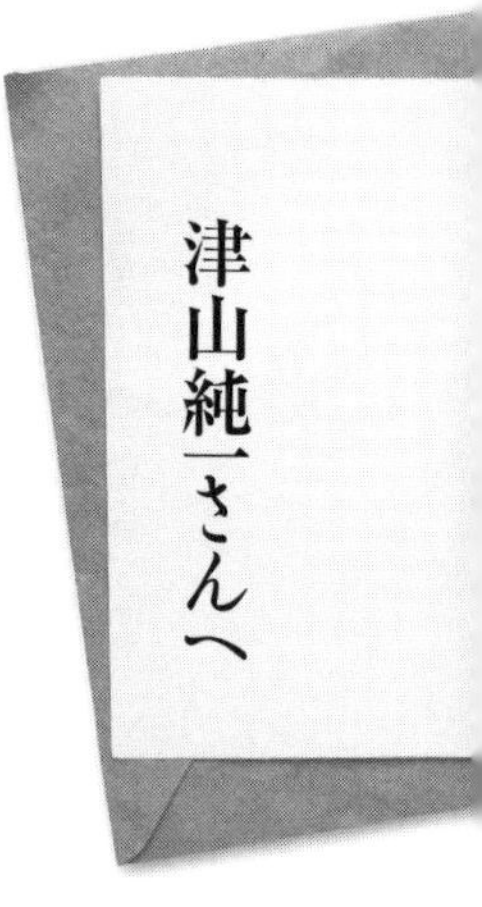

〝誰かの熱い思いがあるところに関わっていく　それも手だわネ〟将来がはっきりしない若者へ送った手紙

ディレクター　**木村優希**

参加者の多くは何らかの夢や目標を抱いて新成人としての一歩をこの場から踏み出します。しかし、愛知県の大学生・津山純一さん（24歳）は、事前アンケートに将来の夢や目標を書かずに提出しました。

「生きづらかったり切羽詰まっている人をちょっと手助けしたい」と生前に語っていた樹木さんは、どのような言葉を彼に送ったのでしょうか。

〝将来の目標のとこが空白だった〟忘れていた手紙

特技「スポーツ」、自分の嫌いなところを「しゃべるのが苦手（口数が少ない）」と記入されたアンケートを拝見して、津山さんに連絡をとったのは、樹木さんが亡くなった5日後のことでした。

趣旨を説明すると開口一番、「僕を取材しても、全然面白くないですよ」と自信なさげに津山さんは言いました。しかも、成人式で樹木さんから手紙を受け取ったことを、それまで忘れていたというのです。逆に、ＮＨＫから取材依頼の電話がかかってきたとき、

「自分は何か悪いことでもしたのかな」と不安になったそうです。

津山さんは「樹木さんからの手紙にあまり思い入れがない自分を取材しても、番組の役に立てるかわからない」と戸惑いつつも、私たちの取材に応じてくれました。ひとまず、成人式から一度も見返してこなかったという直筆の手紙は、自宅のどこかにあるはずだというので探してもらうことになりました。このとき、手紙の内容についで伺ったものの、一言も思い出せない状況でした。

樹木さんの手紙が保管されていたのは小さめの段ボール箱。2年間物置に眠っていた手紙。その内容は書き出しから想像もつかないものだったのです。

「拝啓 じゅんいちさん　将来の目標のとこが空白だった」

これまで私は、樹木さんの豊富な人生経験に裏打ちされた、ユニークな表現でつづられた手紙に魅了されてきました。今回は違った角度から樹木さんの人柄が手紙から垣間見え、樹木さんとはどのようなかただったのか興味を持ちました。直筆の手紙を見せていただくまで、私たちはアンケートの将来の夢や目標のところに何も書かれていないことを気にも留めませんでした。ですから、〝情報がない〟ことに思いをはせる樹木さんの着眼点の鋭さ、思慮深さに驚い

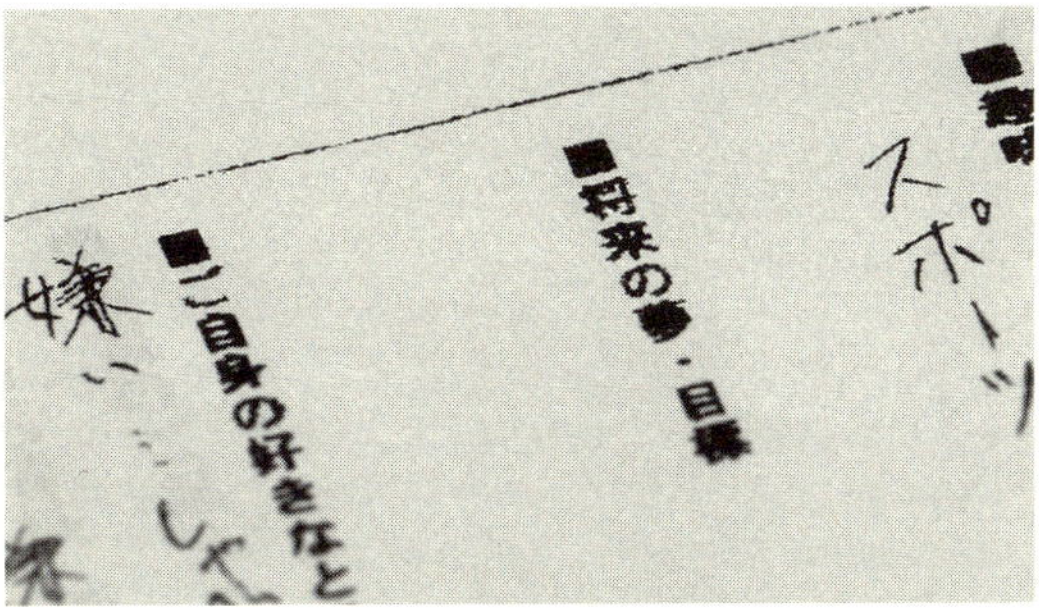

事前アンケートで唯一記入しなかったのが、この部分だった。

たのです。

取材時、津山さんは大学4年生。9月半ばを過ぎているにもかかわらず就職活動に踏みきれていない状況でした。就職サイトを見ても、自分のしたいことはよくわからず、企業から大量に届く新卒募集のメールを削除する日々を過ごしていました。一方、昔から興味があったお笑い芸人の道も視野に、養成所の試験を受けてみたそうです。しかし特待生で合格したものの、結局入学をしなかったこと、将来の夢が今も空白であると教えてくれました。

手紙を受け取ったときの感想について伺うと、「ふーんって感じで終わっちゃいました。受けた印象をあまり覚えていなくて、確か自分で読んですぐに親に渡しました」と、素直に話してくれました。

樹木さんが亡くなったあと、手紙のことをすっかり忘れていた津山さん。取材を機に改めて手紙と向き合うことになったのです。

正直なところ、最初、電話で話を聞いた限りでは、津山さんのことを無気力な若者なのではないかと疑っていました。ですが実際に会って、徐々にその胸の内を知るにつれ、そうではないことがわかり反省しました。不思議と人に警戒心を与えない、純朴な印象を持ちました。アルバイトを3つかけ持ちしながらも、毎日、自宅から片道1時間半かけて大学へ通い、留年せずに無事卒業見込みとなっているのですから、決してふまじめなわけではありません。なおさらのこと、どうして夢や目標がないままなのか不思議でなりませんでした。

なんでみんなそんなに夢とか目標があるんだろう

『クローズアップ現代＋』の放送から1カ月後、就職活動を始めたと聞き、再び津山さんを訪ねました。樹木さんの手紙の「自分の中の夢がはっきりしない時——ならば誰かの熱い思いがあるところに関わっていく」という部分を、まずは一歩踏み出すことと解釈して行動に移すことにしたのです。ぎこちなくも真剣にエントリーシートに向き合う津山さん。私はその姿を見てうれしくなりましたが、その直後に語った就職への考え方に、私は、はっとさせられました。

大学の就職支援室に向かう途中でのこと、津山さんは「なんでみんなそんなに、夢とか目標があるんだろう。すごいわからなかったです」と素朴な疑問を口にしました。日本では夢を聞かれたときに職業を答えることが多い中で、どうやら津山さんは夢＝人生のゴールだととらえ、そんな大きな決断はまだできないと考えているようでした。

「夢というのは、ちゃんとしていなければいけないと思っていたんです。僕の中でのちゃんとというと、職業とか、ちゃんとしている感じなんですけど、人が聞いたときにどう思うかみたいなことも、自分の夢なのに、そういうことを考えすぎていて、素直に書けなかったかなと」

その言葉に私自身も、何かなりたいものがないといけないという価値観にしばられていたのだと気づかされました。今回の取材で、津山さんが樹木さんの手紙と向き合う中で、何か「夢を見つける」手がかりをつかんでほしいと考えていたのですが、むしろ、そのような価値観の中で、今すぐに進路を決めるよう強いるのは酷だと思いました。津山さんは夢という曖昧なものに対してまじめすぎるほどに考え込んでいたのです。

大学受験に失敗した樹木さん。周囲が進路を決めていく中、自分だけが取り残されるようで、つらかったといいます。夢が空白だった津山さんに当時のご自身を重ねていたのではないか、そう感じざるを得ませんでした。

「なんかこう才能がある人なのに生きづらかったり切羽詰まってい

る人を見たときに、ちょっと手助けできたらいいなっていうくらいの、そんな気持ちではいるのね」と話される樹木さんの姿が、津山さんの取材中、何度も思い浮かんだのでした。

〝60才過ぎてやっと将来役者目ざすかなと定まったのョ〟

夢とは何かを考える中で、何度も樹木さんの手紙を読み返したという津山さん。いつしか、手紙のすべてをつぶさに答えられるようになっていました。一番響いた言葉は何かと聞いてみると、「60歳過ぎて、やっと役者をめざすかなと定まったのよというのは、けっこうお気に入りフレーズです。

だって、絶対思わないじゃないですか。樹木希林さんがずっと俳優さんをやっていて、それで、60歳、逆に59歳まで、どう思っていたんだろうと、すごい気になります。それまで役者をめざしていなかったのかなとか、いろいろ気になるところです。……今までこういうことを言ってくれたりとか、聞いたり、見たりしたことがなかったんですね。だから、みんな夢とか目標があるけど、自分はないなと、後ろめたさとかを感じていたと思うんですけど、でも、思いとかは、ずっとなかったわけではないので、そういうふうでいいんだよみたいな、樹木希林さんに応援してもらった感じかな」

自信なさげに話す以前の津山さんの姿はそこにはなく、しっかりと話す姿に樹木さんとの手紙に真剣に向き合ったことが伺えました。

途中まで書いたエントリーシートを手に、就職支援室を訪れた津山さん。1時間を超える相談を終え、少しすがすがしいような表情で出てきました。

「怒られるんじゃないかという感じがあって、怖くて動けていなかったみたいなところもありました。実際動いてみたら、全然知らない世界がいっぱいあるなという感じです」

60歳でようやく道を定めた樹木さんのようにゆっくり夢を探していこうと考えていました。

取材の終盤、津山さんに「役者やるために人間をしているんじゃなくて、人間をやっていくための生業《なりわい》のために役者の部分でみなさんに出会わせていただいている」という樹木さんのインタビューを紹介しました。するとか妙に腑に落ちた様子を見せました。

職業はあくまでゴールではなく、夢や目標を叶えるための手段であると気づいた津山さん。取材の最後に、澄んだ目で言いました。

「1カ月間で手紙に抱く感想が変わったので、10年後とかもっと先に読み返してみたいと思います。そのときにどう思うか楽しみです」

その日の夜、樹木さんの手紙を読んでは書いてをくり返して、書き上げた返事を恥ずかしそうにしながらも見せてくれました。

樹木希林さまへ

お手紙ありがとうございます。

僕は事前アンケートの将来の目標に何も書きませんでした。

以前は夢や目標を変更したらダメで一直線にそれに向かうものだと思っていました。しかしいろんな知見や話を聞くうちに必ず一生をかけるような夢や目標で無くても良くてもっともっと柔軟なんだと気付きました。だから小さい目標でも突飛な夢でも良いんだとわかって心が軽くなりました。

ちなみに僕の小さい目標はケーキを切らずにホールごと食べることです。

樹木さんの夢はどんなですか？

平成30年11月 3 日

(一部抜粋)　津山純一

津山純一さん

拝啓　じゅんいちさん

将来の目標のとこが空白だった。
わたしネ　偶然18才で役者の道に入ったけど
60才過ぎてやっと将来役者目ざすかなと
定まったのョ　口を利かない子供でネわたし

しゃべるのが苦手とありますが　逆に
人の言葉を聞く耳が育ちます
短所でなく長所と受けとるのも特技デス

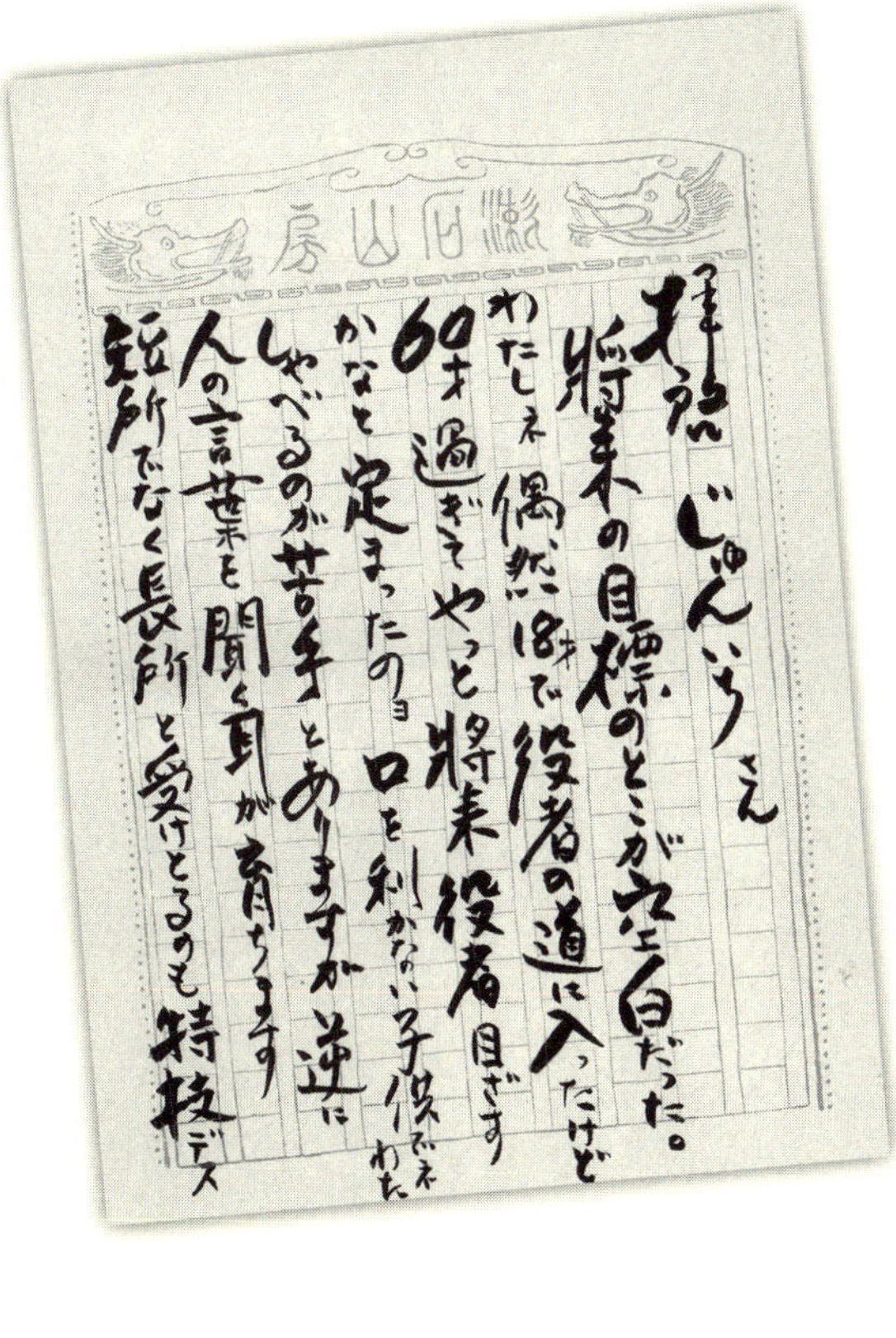
拝啓　じゅんいちさん
将来の目標のとこが空白だった。
わたしネ　偶然18才で役者の道に入ったけど
60才過ぎてやっと将来役者目ざす
かなと定まったのヨ　口を利かない子供でネ　わたし
しゃべるのが苦手とありますが逆に
人の言葉を聞く耳が育ちます
短所でなく長所と受けとるのも特技デス

〝誰かの熱い思いがあるところに関わっていく それも手だわネ〟将来がはっきりしない若者へ送った手紙

自分の中の夢が　はっきりしない時
――ならば誰かの熱い思いがある
ところに関わっていく――それも手だわネ

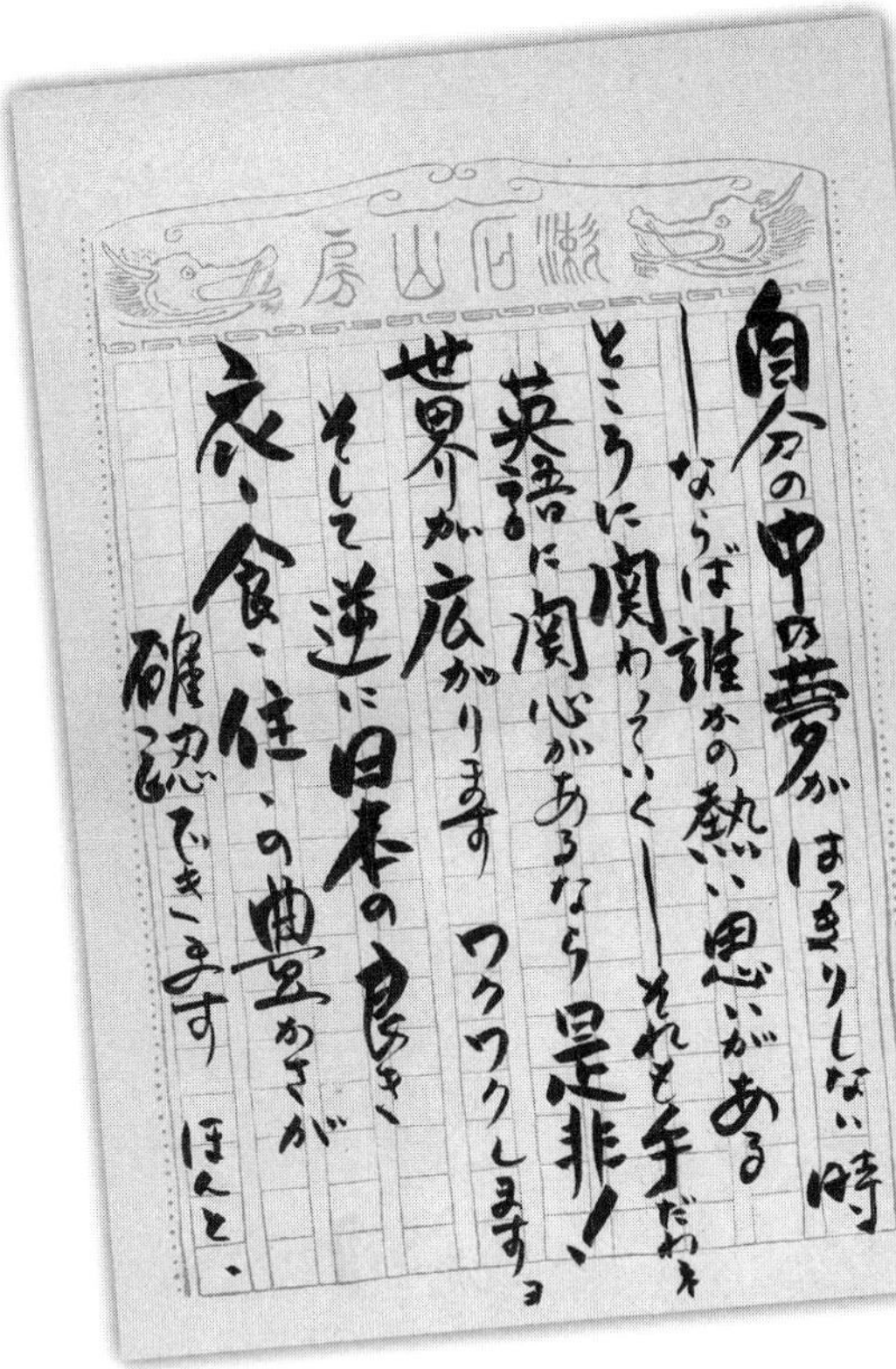
自分の中の夢がはっきりしない時
―ならば誰かの熱い思いがある
ところに関わっていく― それも手だわネ
英語に関心があるなら 是非！
世界が広がります ワクワクしますヨ
そして逆に日本の良さ
衣、食、住、の豊かさが
確認できます
ほんと、

英語に関心があるなら是非！
世界が広がります　ワクワクしますョ
そして逆に日本の良き
衣・食・住・の豊かさが
確認できます　ほんと。

酒井朝羽さんへ

〝若者が欲しているのは聞いてくれる耳〟教師をめざす若者へ送った手紙

ディレクター　木村優希

無言館の成人式には毎年、教員をめざす若者が何名かは必ず参加するそうです。

長野県在住の酒井朝羽さん（22歳）も教師をめざす一人。送られた言葉は、2年の時を経て今の彼女にぴたりとあてはまるもの。そして彼女に送られた手紙には、樹木さんが人々に手紙を書くその理由が記されていたのです。

〝罪ほろぼしで手紙を書いてます〟言葉の持つ力

樹木さんが無言館の成人式に登壇したのは、がんが全身に転移していることを公表して3年後の２０１６年4月のこと。25人の新成人に2〜3枚ずつ手紙を直筆で書くことは相当な労力のかかること、ましてや闘病中の体です。なぜそこまでして樹木さんは手紙を書いたのか。その答えが「罪ほろぼし」——。

「手紙を書くって、人に宛てているようで、自分と対話しながら書かないと、うまく文章は書けない。実際に樹木さんが自分と向き合っているときは罪ほろぼしという言葉から出てくるように、私はいろいろやってしまったなと思ったり、マイナスの気持ちもあったのかなと思います」と酒井さんは解釈しました。

手紙とは自分との対話である。取材時、その本質を突いた指摘にはっとさせられると共に、送る側の思いに対して受け取る側も、最大限その言葉の意味を感受しようとする姿に感銘を受けたのでした。実際に樹木さんは、以前とある番組の中で若い頃の自分についてこのように語っています。

「深ーいね闇みたいなものね、抱えててね……たとえば杉村春子さんなんてもう本当に大先輩であたしはぺーぺーの研究生で『あんた生意気よ、10年早いわよ』って言われるくらいのことを平気で言っていたような人間でしたからね。私は」

（ＮＨＫ『The Creative Women』２０１7年6月27日放送）

樹木さんは言葉によって傷つけてきた過去を顧みて、今度は言葉によって若者たちの背中を押そうとしたのかもしれません。

〝聞いてくれる耳〟教師と役者に通じるもの

酒井さんに取材のお願いをしたのは、樹木さんの訃報からしばらくたってからのこと。県内放送の番組に向けて、手紙を受け取った若者を新たに取材していたところ、長野県内で演劇の舞台に立っていた酒井さんの名前を見つけました。高校時代からずっと演劇を続けていると知り、同じく演劇を志す彼女に対して樹木さんはどんな言葉を送ったのだろうと気になり、連絡をとりました。数日後、実際に会ってみると明朗快活、まさに弾むように話すかたでした。取材したのは、ちょうど舞台公演に向けての稽古期間で、演じる役柄はカエルの精霊なのだと楽しげに話される姿が印象的でした。社会人になっても演劇を続けたいということも話してくれました。

酒井さんに、樹木さんに会った成人式で一番覚えていることは何かと伺ったときのこと。小説家をめざすという別の若者に、樹木さんは「あなた小説家になりたいのね。大変よ、大変よ」と、しきりに言いながら手紙を手渡していたことを挙げました。その姿を見て、非常に正直な人だと感じたといいます。

若者の夢に忌憚《きたん》のない意見を言う樹木さん。今、私の目の前にいる、ほとばしる演劇熱を持った酒井さんには、どんな言葉を送られたのだろう。勝手ながら手紙の内容に期待をふくらませていました。

ところが、酒井さんが樹木さんから受け取った手紙は、演劇についてまったく言及されていません。一体なぜなのでしょう。

実は、酒井さんは事前のアンケートでは演劇についてまったくふれずに提出していたのです。大学進学後も、演劇サークルに入ったものの、いまいちのめり込めず、高校時代のようには楽しめていなかったそうです。そのため、かねてからの夢であった小学校の先生をアンケートには記入。演劇はあくまで趣味だと考えていました。

酒井さんが、樹木希林さんがそういえば俳優だということに改めて気づいたのは、今回、私からの取材依頼の電話を受けてのことでした。成人式に参加したのは、樹木さんが俳優だからというわけではなく、新聞記事を見たお母さまからの勧めで、軽い気持ちだったといいます。

成人式から2年後、信頼できる演出家との出会いがあり、演劇への思いが再燃。今なら、樹木さんに役者としての話を聞いてみたいと思うようになりました。

今、一番心に響いているのは「若者が切実に望んでいるものは聞いてくれる耳」という一文。その背景には、演劇と教師、両立できる手立てはないのか、社会に出る前の不安な気持ちがありました。「このまま卒業していいのかと思ったりします。今、思いついた人に会いに行って、話を聞いてもらったりするんですが、実際に今の自分は聞いてくれる耳が欲しいなというのがあるんだと思います」

樹木さんが役者の道に進んだのは1961年、18歳のとき。試験に合格し、文学座附属演劇研究所に入所します。合格できた理由をのちに、このように語っています。

「『あの子は耳がいい』耳がいいといったら、人の台詞を聞いてるって。人がどういう気持ちでそれを言ったのかを聞いて、そっから(台詞が)出てくるって。それは耳がいいって言われた。だから、それは私の特技」

(NHK『The Creative Women』2017年6月27日放送)

奇しくも役者の世界にもあてはまる、この「耳」というキーワード。この言葉は教師をめざす若者の中でも、酒井さんにだからこそ送られたような気がしてなりませんでした。

今、酒井さんはこの手紙を読んで、何を感じとるのでしょうか。

「樹木希林さんは、きっと聞いてくれる耳を持とうとしている人なのかなと。私たち、会ったこともない人のプロフィールを読んで、それに対して、一人一人まったく違う手紙を書いていらっしゃったみたいで、そういう点で、すごく、若者の思いとかを聞いて、しかも聞くだけではなくて、自分が思ったことを正直に伝えてくれる素敵な大人だなと思います」と、手紙をじっと見つめて語りました。

2年の時を経て、今の酒井さんの心にぴたりとはまった樹木さんからの手紙。自分と向き合ううえで、5年後10年後と読み返したいと酒井さんは考えています。

「すでに自分の心の中に存在しているものという感じ。ただの手紙じゃない気がします。……深く重いものを託されました」

樹木希林さん

樹木さんが亡くなったと知ったとき私は大きな衝撃を受けました。信じられませんでした。私が会った2年前、本当にがんなのかと思うくらいピンピンとしていて自分らしく生きている樹木さんがかっこよかったなと感じたことを今も覚えています。

本当に私は教師になって良いのか当時も悩んでいたし今も悩んでいます。それでも私は私らしく酒井朝羽らしい耳を持って教師になろうと思ってます。樹木希林さん本当にありがとうございます。

今の私は演劇が大好きです。様々な人が関わって1つの舞台を創り上げること、舞台が終わった後の達成感。やっぱり演劇って面白いですね。

(一部抜粋)　　酒井朝羽

取材の前、酒井さんに今一度、手紙を
じっくりと読み返してもらう。

酒井朝羽さん

前略　あさはさん
『言葉ってものは傷つけもするし
幸せにもする　単純な文法です』
ブラジルの11才の少年のことばです
原文はポルトガル語

私ネ　60才すぎて癌になってガチンと
響きましたョ　遅いけど　その罪ほろぼし
で　こうやって手紙書いてます

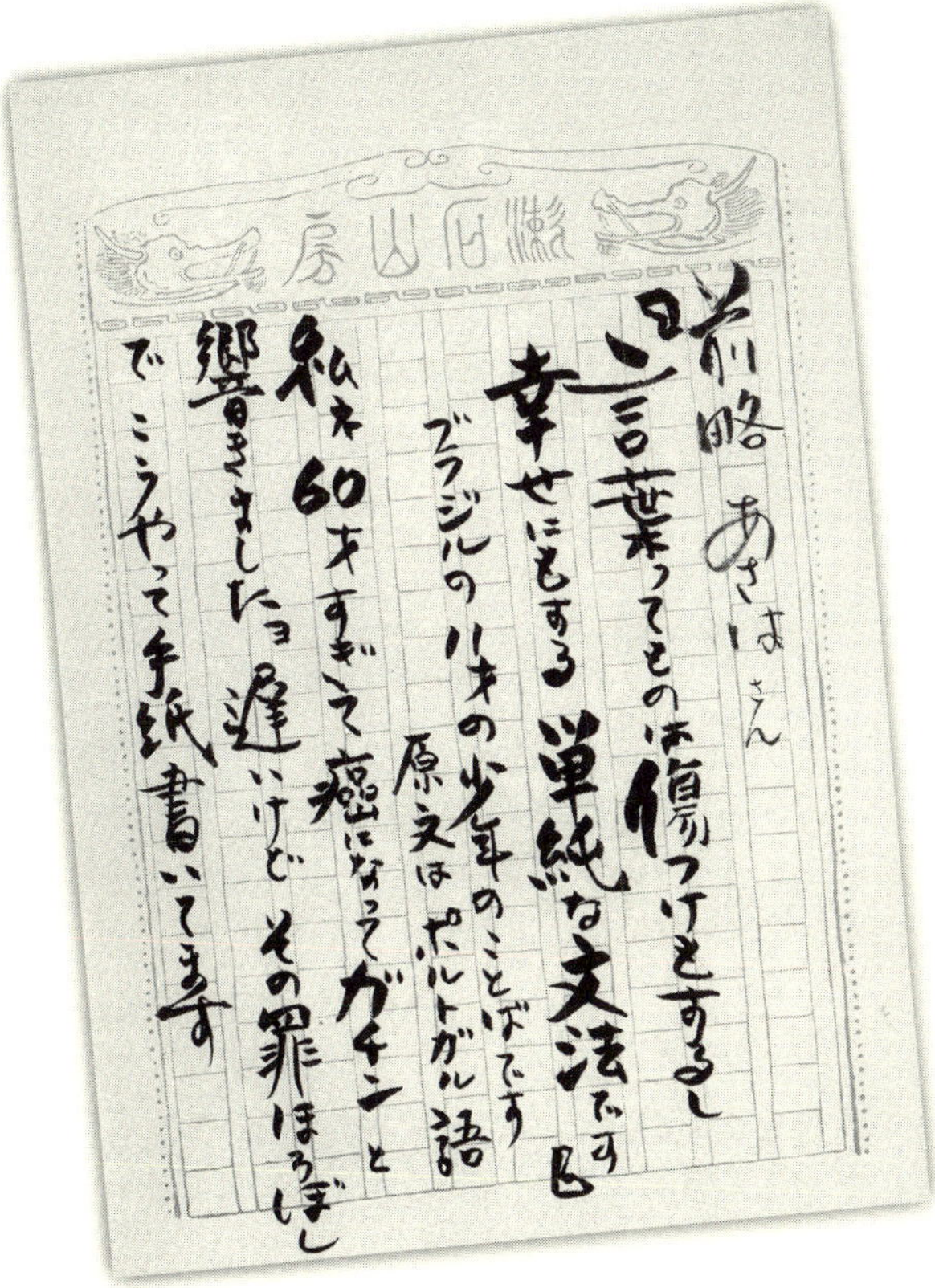
前略　あさは　さん
言葉ってものは傷つけもするし
幸せにもする　単純な文法です
ブラジルの11才の少年のことばです　原文はポルトガル語
私ネ　60才すぎて癌になってガチンと
響きましたョ　遅いけど　その罪ほろぼし
で　こうやって手紙書いてます

〝若者が欲しているのは聞いてくれる耳〟教師をめざす若者へ送った手紙

将来の目標　小学校の先生かァ——

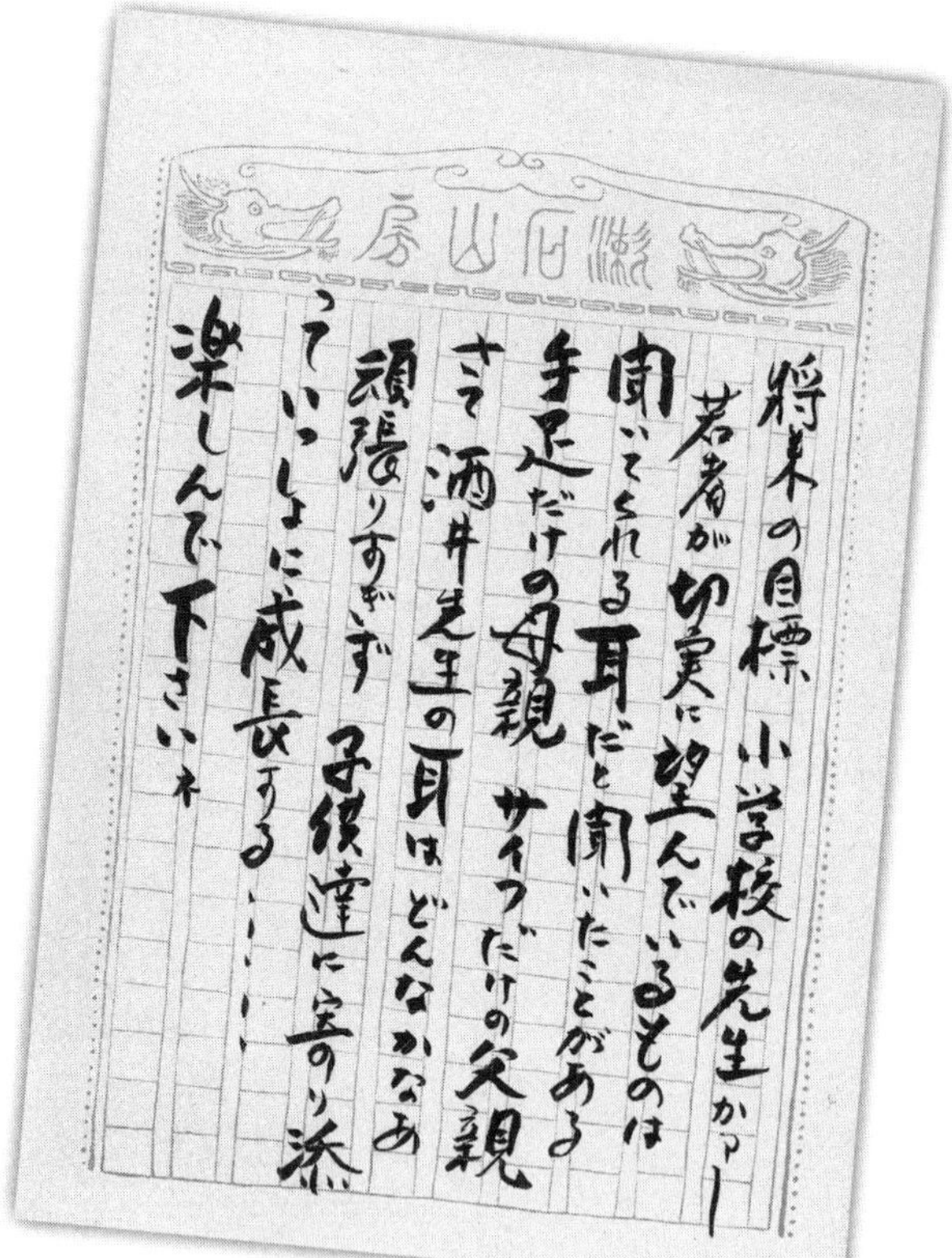
将来の目標　小学校の先生かァー
若者が切実に望んでいるものは
聞いてくれる耳だと聞いたことがある
手足だけの母親　サイフだけの父親
さて酒井先生の耳はどんなかなあ
頑張りすぎず　子供達に寄り添
っていっしょに成長する……
楽しんで下さいネ

若者が切実に望んでいるものは
聞いてくれる耳だと聞いたことがある
手足だけの母親　サイフだけの父親
さて　酒井先生の耳は　どんなかなあ
頑張りすぎず　子供達に寄り添
っていっしょに成長する……
楽しんで下さいネ

　〝若者が欲しているのは聞いてくれる耳〟教師をめざす若者へ送った手紙

仲村颯悟さんへ

〝沖縄の思い〟を伝えたい…若者の熱意に応じた樹木さん

ディレクター　内山拓

手紙だけではなく、直接語りかけることで、若者たちにエールを送り続けた樹木さんの姿も、今回の取材を通じて浮かび上がってきました。アメリカ軍普天間飛行場の移設に揺れる名護市辺野古地区。

２０１６年３月、樹木さんは、沖縄の若者の等身大の思いを描いた自主制作映画の公開記念イベントに無償で参加。「粗削りでもいい、思いを発信し続けてほしい」と監督を務めた大学生の若者を静かに激励し、その背中を押していました。

〝若い人が一生懸命やっていること。
及ばずながら少しは手をお貸ししたいなあと。
（出演料）無料ということで
荷が重くないのもいいじゃない〟

イベントを主催したのは、当時、20歳の大学生だった仲村颯悟さん。基地を抱える沖縄の町に生まれ育ち、大学進学のために上京して感じた自分たちが知っている沖縄と、県外の人たちが感じている沖縄との隔たり——そのギャップを埋めたい。そんな思いから沖縄の友人や学生スタッフの手を借りて制作したのが、映画『人魚に会える日。』でした。沖縄の架空の街「辺野座」を舞台に、米軍基地と隣り合わせで暮らす若者たちの日常や葛藤、その複雑な胸の内を描き出そうとした作品です。

公開初日のトークイベントのゲストに誰を呼ぶか？　仲村さんをはじめスタッフ全員が希望したのが、前年に辺野古を訪れて直接住民と交流していた樹木さんでした。仲村さんは樹木さんとはまったく面識がありませんでしたが、人づてに連絡先を聞き、ダメもとで出演を依頼しました。

「沖縄の思いを届けたくて映画を作りました。お金はありませんが、初日に映画を見に来て感想を聞かせてくれませんか？」

すると、その翌々日、仲村さんの携帯に電話がかかり、「いいじゃない。事前に映画を見たいからＤＶＤを送ってくれる？」と、樹木さん本人が声を弾ませながら快諾してくれたといいます。

〝無知を恥じているの。
粗削りでもいいから、
これからも作品を作り続けてほしい〟

イベント当日。タクシーで迎えに行くという申し出を断り、渋谷の雑踏をたった一人歩いて会場入りした樹木さん。緊張する仲村さんや学生スタッフたちを前に、「特別扱いはやめてね。ただのおばあちゃんなんだから。あんたたちはイベントの準備が忙しいでしょ。こっちはいいから自分の仕事をなさい」と、あくまで自然体でその場をなごませてくれたといいます。

事前の打ち合わせも必要ないと断わり、「その場が勝負。感じたことをそのまま話すわね」と、いたずらっぽい笑顔を浮かべてトークイベントが始まりました。

仲村さん「作品を作ったきっかけは、内側で見ていた沖縄と東京で過ごして見てきた沖縄がちょっと違うなと感じて。内側にいた人間の思いを伝えたいなと。樹木さんは僕たちの思いを受け止めてくださると思って」

樹木さん「そこは誤解なんですけど(笑)。若い人が一所懸命やっていることに及ばずながら少しは手をお貸ししたいなあと。無料ということで荷が重くないので来ました。ＤＶＤを見てくれとか、コメントをくれとか、若いということは残酷よね(笑)。監督への好感は持っています。さて映画は何を言いたかったんですか?」

仲村さん「賛成派と反対派の二つに分かれて沖縄県民は毎日争っていますとニュースで見たんですけど、実際にはそうではなくて。生まれたときから基地がある沖縄しか見ていない。答えが見えない状況の中でもがいてるけど、どうにかしたいという気持ちも忘れていない。そういうことをまずは伝えたくて」

樹木さん「内地の人はそういう皮膚感覚で感じられていない。無知で恥じてはいるんですけど。中に入ってみると麻痺《まひ》した部分を含めて相当の苦しみがあるんですね。とても現実感がある映画。なかなか誰にでも作れる映画ではない。粗削りで稚拙なところもたくさんあって、でもそれを埋めたからって人に何かが伝わるものではないから。仲村さん、どうぞいい作品を作り続けてもらえればなと。（中略）長ーくこの業界にいると、ぼけちゃってお金の計算をするように私なんかもなっちゃうんですけど（笑）。今の気持ちをいつまでも持ち続けてもらいたいです」

後日わかったことですが、樹木さんはこの日、がんの治療のため入院していた鹿児島の病院を抜け、このイベントに参加するために上京してくれていました。限られた時間の中で、闘病でしんどいであろう体調を押し、仲村さんたち学生の思いに応えてくれたのです。

イベント終了後、「自分の思いをこれからも大切にね」と樹木さんから何度もエールを送られた仲村さん。誰かに押しつけられた価値観ではなく、自分で感じたこと、思ったことを素直に表現し合える社会や時代であり続けたら、みんなちょっとずつ生きやすくなる……仲村さんが感じ取った樹木さんからのメッセージでした。大学4年生になった今も映画を撮り続け、この春就職したあとも、樹木さんの言葉を胸に、映画を作り続けていくつもりです。

「私はただのおばあちゃんよ」と笑う樹木さん。
社会人になっても仲村さんは映画を撮り続ける。

第3章

生きることと死ぬこと

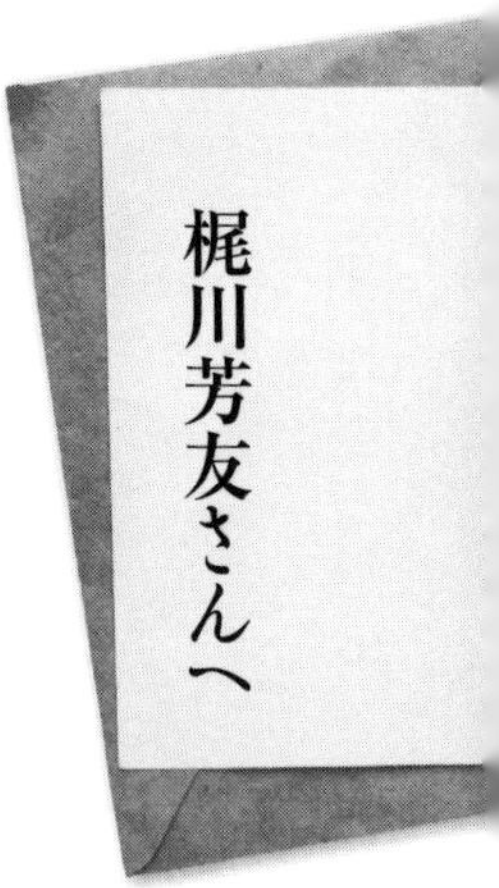

人生を語り合った美術館館長

ディレクター　**近松伴也**

京都で毎年8月16日に行われる「五山送り火」。ＮＨＫではこの様子を生中継する番組があります。取材の開始時、この番組に樹木さんが出演していたことを思い出し、もしかしたら取材のヒントにつながるかもしれないと考えて、ＮＨＫ京都放送局の番組担当者に連絡をとりました。そのディレクターによると、樹木さんとのやりとりは基本的にはＦＡＸであったといいます。樹木さんのご自宅に番組内容に関する資料をＦＡＸすると、後日、樹木さんから連絡が寄せられる。そんなやりとりを複数回行っていたとのことでした。樹木さんは、自筆の手紙を頻繁に送っていたとの噂を聞いていたので、樹木さんから送られてきた手紙があるかどうかも確認してみましたが、そのような手紙は持っていないとのことでした。

残念がる私に、そのディレクターはあることを教えてくれました。それは、樹木さんが出演する映画で、まもなく上映される『日日是好日《にちにちこれこうじつ》』に関することでした（※取材時は２０１８年９月）。劇中の茶道教室に飾られている「日日是好日」という書を書いた人が、京都在住の中学生（書いた当時は小学生）であり、その祖父が京都にある美術館の館長だというのです。さっそく教えてもらった美術館に連絡してみました。応対してくれたのは、梶川芳友さん（77歳）。何必館《かひつかん》・京都現代美術館の館長です。話を聞いていくと、梶川さん自身が樹木さんと面識があり、長い年月をかけておつきあいをしてきたとのことでした。家族ぐるみの交流を重ねてきた樹木さんと梶川さん。樹木さんたっての願いもあって、梶川さんの孫が「日日是好日」を書くことになったのだといいます。

梶川さんと樹木さんとの出会いは、35年以上前にさかのぼります。梶川さんは、1981年に京都の祇園近くに美術館を開館します。その美術館の名前にある思いを込めました。「人は定説にしばられます。学問でも芸術でも人は定説にしばられて自由を失ってしまう。定説を〝何ぞ 必ずしも〟と疑う自由な精神を持ち続けたいという願いから、〝何必館〟と命名しました」（梶川さん）。開館後、樹木さんが美術館にやってきました。自由な発想を大切にする美術館のコンセプトに共鳴した樹木さんは、展覧会ごとにたびたび美術館を訪れるようになり、梶川さんとは美術を通して人生を語る仲になるのです。

まわりのすべてが師であり、友である

樹木さんは何を求めて、美術館に長年通い続けていたのでしょうか。梶川さんによると、樹木さんには特に興味を引かれた芸術家がいたといいます。北大路魯山人です。書家、画家、陶芸家、料理人とさまざまな顔を持つ人物で、生涯に20万点ともいわれる膨大な作品を作ったといわれます。その中に、「椿鉢」という直径40㎝もある大鉢があります。１９３８年の作品で、魯山人の作品の中で最大のものです。作られた当時、焼物知らずのなせる業と非難囂々《ごうごう》でした。もろくて壊れやすい楽焼という手法でこの鉢を作るということは、常識の域をはずれていたのです。しかし、自分の世界を行く魯山人にとってみれば、そのような批評は重要ではなかったといわれます。

今では、魯山人独自の世界観を表すものとして評価されています。
樹木さんは、そのような自由な発想のもとに作られた魯山人の作品を通して、形式にとらわれずに物の本質をどのように見極めるのか、ということについて梶川さんと頻繁に語り合いました。梶川さんは、樹木さんの一面をこのように語ります。

梶川さん
「観察力の非常に鋭い人ですね。よく樹木希林さんは毒舌であるとかいわれるけど、僕はそうではなくて、やはり見えるんだと思うんですね。見えたそのことに対して、自分にうそをつくことができない人。決してそれは、揶揄《やゆ》しているわけではなくて、樹木希林さんの鋭い観察力なり、あるいは、樹木希林さんの持っている批評精神、そのことが言わせるのではないかと思います」

一方で、魯山人も辛口の美学者だったといわれます。傲慢、不遜、非常識と、生前の魯山人を知る人々は激しくののしりますが、魯山人はというと、生涯をかけて高い眼識を持った人間との出会いを求め続けたといいます。魯山人の強烈な批評精神。そして、樹木さんの鋭い観察力。樹木さんは魯山人の人柄にひかれると同時に、人生を通して自らの感性を研磨しようとしていたのではないでしょうか。「座辺師友《ざへんしゆう》」。〝まわりのすべてが師であり、友である〟との意味があるこの言葉を、樹木さんは大事にしました。

死ぬことは、誰かの心の中で生きること

梶川さんにとって強く印象に残っている樹木さんとの思い出があります。それは、美術館にある絵、村上華岳の「太子樹下禅那」を

「座辺師友」の掛かる、京都・梶川家にて。(2008年)

鑑賞する樹木さんの姿です。若き日の釈迦が菩提樹下《ぼだいじゅ》で座禅修行する様子が描かれているこの作品。和室に飾られている仏画を、樹木さんは正座して何時間も見ていたといいます。

梶川さん
「作品と対座する、そういう雰囲気があったと思うんですね。それを見ておられるときは、なかなか声はかけられないですね。何かそこに、その作品との行き来、それがあるんだと思います。その作品が包含しているものがあると思うんですね。あるいは、その作品から照射しているものがあると思うんです。それを、受け止めたい、あるいは、そのことが何であるかを体で感じたい。そういうことがあったと思います」

修行の中にありながら苦しみなど微塵《みじん》も感じさせない釈迦の姿。

樹木さんはこの作品と向かい合い、何を思ったのでしょうか。ある日、梶川さんは樹木さんから「太子樹下禅那」の複製画を求められたことがありました。そこで小さいサイズの複製画を1点作り、樹木さんに贈りました。

梶川さんは樹木さんの2歳年長。同世代の二人は、共に60歳の頃に大病を患っています。樹木さんは左目の視力を失い、乳がんになりました。梶川さんも心筋梗塞で1カ月間入院しています。病を経て、二人は「生」と「死」について語るようになっていきました。

梶川さん
「樹木希林さんとは、長い間のおつきあいでもありますし、手紙でのやりとり、電話でのやりとり、いろんなことの質問もあったし、こちらからの質問もあっただろうと思います。そういった中で、人間がどう生きていくかということも大きなテーマであったと思うし、死、死生観というか、そのことは、ときどきに話し合ってきたと思います。その中で、死ぬということは、私は、人の中に生きるということ、そして、自分の中に、逝った人を生かし続ける。そういうことではないかなという気がしています。そのような話を、樹木希林さんと何度もしました」

梶川さんは樹木さんが亡くなる2カ月前まで、手紙のやりとりを続けてきました。樹木さんが手紙につづってきたものは何だったのか。その内容を教えてほしいとお願いしましたが、梶川さんはその頼みに応えてはくれませんでした。長年続けてきた手紙の内容は、二人だけの秘密であり、家族にも話すことはないというのです。しかし、しつこくお願いをする私に、梶川さんは樹木さんから送られてきた手紙の封筒を見せてくれました。目の前に現れたのは、A4

サイズの封筒。その裏側を見ると、そこには「内田啓子」という名前が書かれていました。樹木さんの本名です。女優・樹木希林という誰もが知る名前を横に置き、「内田啓子」として、どのように生き、そしてどのように死ぬのかということを、探し求めていたのではないか。本名が書かれた封筒から、樹木さんの真摯な姿勢を受け取りました。

樹木さんが亡くなったのは２０１８年9月15日。その翌日、訃報を受けた梶川さんは、東京にある樹木さんの自宅に駆けつけました。多くのことを語り合ってきた二人にとっての、最期のとき。梶川さんは、樹木さんの枕元にあるものを見つけました。以前、樹木さんから複製画を頼まれたあの仏画だったのです。修行の中にありながら苦しみなど微塵も感じさせない釈迦の姿が、樹木さんと重なりました。

樹木希林さんからの手紙
人生上出来！と、こらえて歩こう

「死ぬということは、人の中に生きるということ。自分の中に、逝った人を生かし続けるということ」

二人の旅は、続きます。

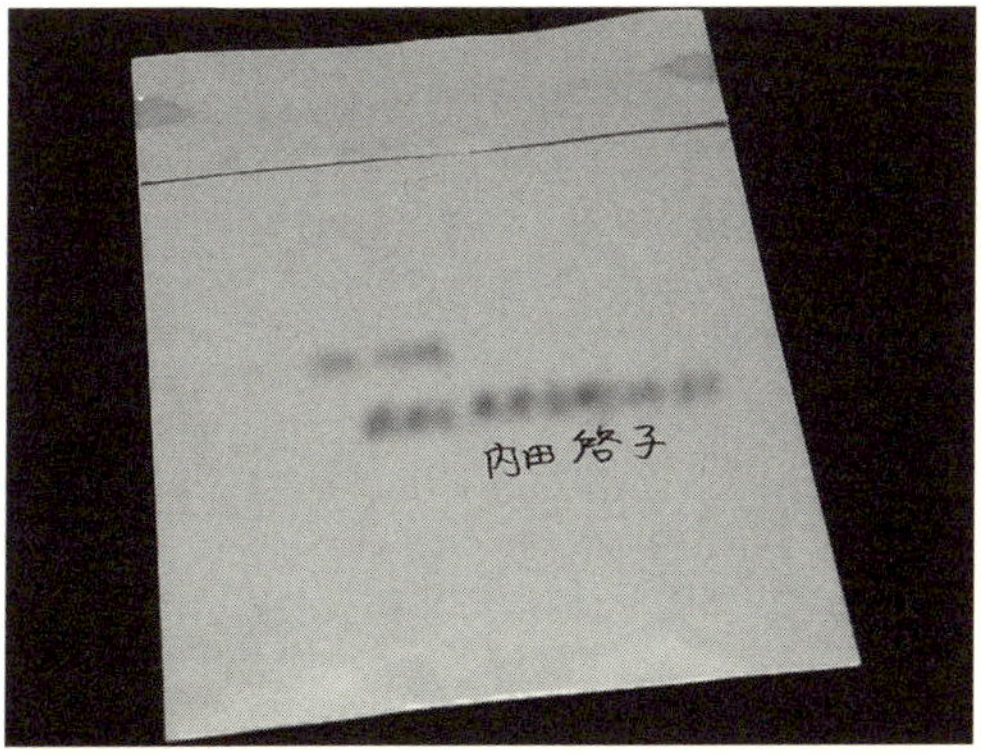

樹木さんからの手紙が入っていた封筒。差出人には樹木さんの本名が書かれていた。

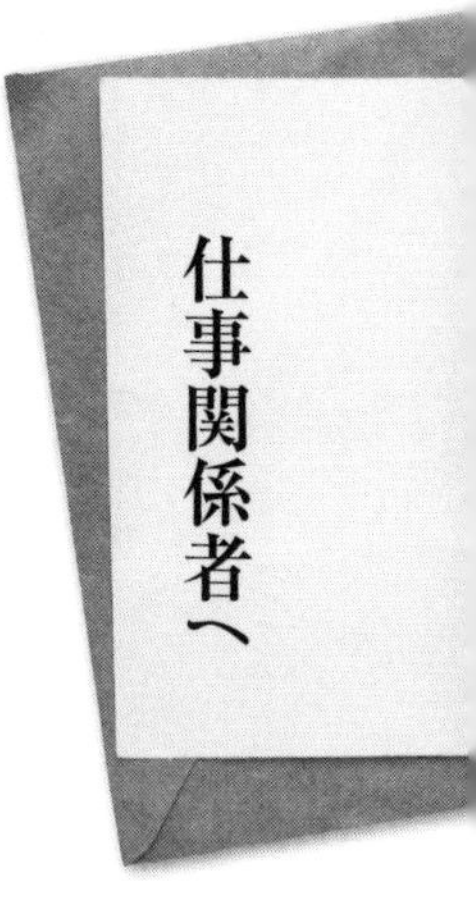

仕事関係者に宛てた病床からの手紙

ディレクター　白瀧愛芽

メッセージが書かれたきっかけは、亡くなる1カ月ほど前に希林さんが骨折で入院したことです。一時、集中治療室にも入った希林さん。仕事の一切を一人で仕切っていたため、関係者に状況を伝える必要がありました。娘の也哉子さんと共に付き添っていた本木雅弘さんは、希林さんに「手紙を書いてくれたら代弁します」と提案。希林さんがその場で書き上げました。細い糸1本で……の言葉どおり、よれよれの字で、なんとか書いたといいます。公には最後となったこの〝手紙〟は、翌日、本木さんが出演した防災イベントで紹介されました。「その後、母に会いに来る人たちとは筆談でメッセージを交わしていました」と娘の也哉子さん。家族にとっても、希林さんの〝手紙〟は、読む人の気持ちを思いやる希林さんらしいものだったそうです。

「自分とかかわった人には、その人自身の魅力を最大限活かしていってほしいと願う人でした。そのために手助けとなることは、割とどんなこともいとわずする行動力と信念を持っていました。モノでも、ヒトでも活かされなきゃ、と」

娘の也哉子さんの言葉には、母への尊敬と感謝の気持ちがあふれていました。

細い糸1本で
やっとつながってる
声一言もでないの
しぶとい
困った
婆婆です
K.KIKI

樹木希林さんからの手紙
人生上出来！と、こらえて歩こう

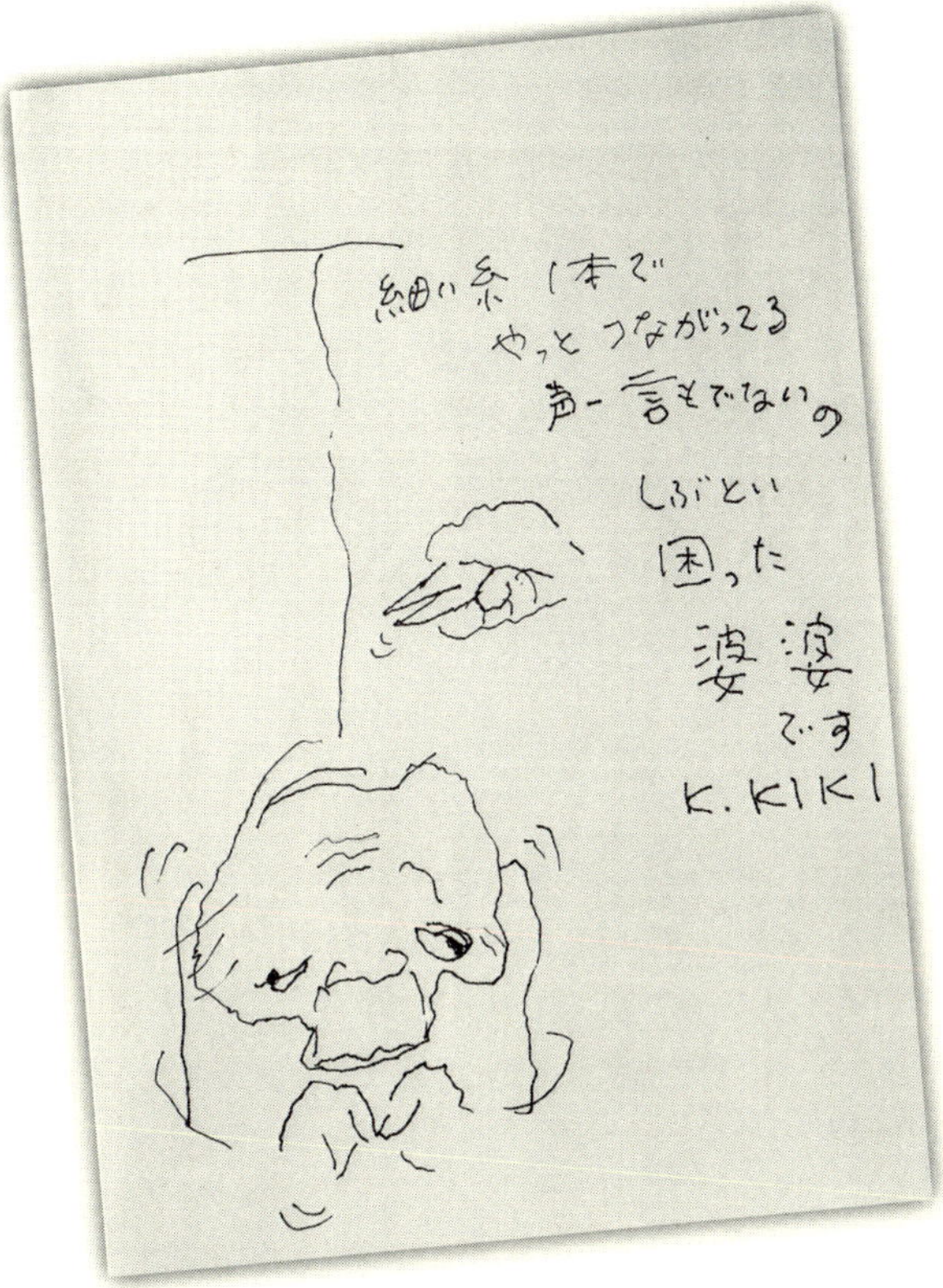

177　仕事関係者に宛てた病床からの手紙

あとがき

番組の放送後、うれしい知らせが届いた。本木雅弘さんがご覧になってくれ、「よく手紙を書くことは知っていたけど、ここまでしていたのは家族も知らなかったと驚いていた」と、マネージャーの方が教えてくれたのだ。テレビ番組の制作者冥利につきる瞬間だった。

時を経ても全く変わることのない力強いメッセージ、私たちへの温かいまなざしや励まし、そして生きることの意味……。樹木希林さんの手紙を貫いていたのは人間賛歌であったのだと、今回の番組の制作中、そして放送後も折々に感じてきた。ただ単純な人間賛歌ではない、こちらの生き方を問うた上での人間賛歌であると。

「クローズアップ現代＋」はひとつの宿命を背負っている。ニュース番組は「その日勝負」、しかし「クロ現＋」はコトが起きて数日後や1週間後、ときには1か月後の放送が主なターゲットだ。だから「深さ」がいるし、「切り口」が問われる。樹木希林さんの訃報に接し、「やるべき話」と瞬時に思ったが、たちまち「番組を貫く切り口がいる」と悩むことになった。さてどうしたらいいか……希林さんに関する膨大な情報が様々なメディアで流れる中、希林さんが「いじめ」に関してメッセージを寄せていることを知った。その文面を読んでみると、一気に引き込まれた。まず目に飛び込んでくる筆遣い、メッセージの深さ、人間としての温かさ、そして添えられているかわいらしいご自身の絵……「こんな一面があったんだ」。少し調べると、普段私たちが知らない、様々な立場の人たちとの交流があったこと、その人たちに直筆のメッセージを寄せていたこと、そしてそれを受け取った人たちがそれを大切に持ち続け、「人生のエール」をもらい続けていることを知った。

もっと知りたい、もっと直筆の手紙を読みたい、どんな交流があったのか知りたい、そして希林さんのメッセージをかみしめたい……こうして今回の番組の企画が決まった。あとは放送日まで走るだけ。制作チームが全国を駆け回り、それぞれとっておきのエピソードを持ち帰ってきてくれた。その内容は、本書で紹介したとおりだ。

今回の制作過程を振り返ったとき、樹木希林さんと同時代を生きることができたことの幸せを感じる。生きる意味を問いかけてくれたメッセージに、こうしてふれることができるのだから。そして、その直筆のメッセージはこれから、きっと希林さんのことを知らない世代の人たちの心もとらえ続けるだろう。迷ったとき、悩んだとき、ちょっと落ち込んだとき、直筆のメッセージを手にする人たちを励ましていくだろう。
なお、今回の出版は、樹木希林さんの関係者の皆様、取材にご協力をいただいた皆様、そして「主婦の友社」の石井美奈子様など多くの方々のお力添えなくして成り立たなかった。心より感謝いたします。そして最後に。樹木希林さん、安らかにお眠りください。

平成31年2月

『クローズアップ現代＋』編集責任者　矢島敦視

SPECIAL THANKS
NHK『クローズアップ現代+』
NHK長野放送局『知るしん』

装丁・本文デザイン　岩瀬 聡
カバー・本扉写真撮影　小川拓洋
撮影　佐山裕子（主婦の友社）
校正　荒川照実・佐藤明美
DTP　川名美絵子（主婦の友社）
編集　石井美奈子（主婦の友社）

樹《き》木《き》希《き》林《りん》さんからの手《て》紙《がみ》

平成31年4月30日　第1刷発行

著　者　NHK『クローズアップ現代《げんだい》+』＋『知《し》るしん』制作班《せいさくはん》
発行者　矢﨑謙三
発行所　株式会社主婦の友社
　　　　〒101-8911　東京都千代田区神田駿河台2-9
　　　　電話 03-5280-7537（編集）
　　　　　　 03-5280-7551（販売）
印刷所　大日本印刷株式会社

©NHK 2019　Printed in Japan　ISBN978-4-07-437323-9

■本書の内容に関するお問い合わせ、また、印刷・製本など製造上の不良がございましたら、
　主婦の友社（電話03-5280-7537）にご連絡ください。
■主婦の友社が発行する書籍・ムックのご注文は、
　お近くの書店か主婦の友社コールセンター（電話0120-916-892）まで。
＊お問い合わせ受付時間　月～金（祝日を除く）9：30～17：30
■主婦の友社ホームページ　http://www.shufunotomo.co.jp/